清朝热搜榜

康熙大帝卷 →

黄荣郎　著

中国法制出版社

CHINA LEGAL PUBLISHING HOUSE

序 言

之前有一次回乡下祭祖，我在家族宗祠中发现了清朝时由福建渡海到台湾的先祖的名字，他是我爷爷的爷爷的爷爷（说实在的，我这不肖子孙竟有点记不清楚到底是隔了几个爷爷），这是我第一次感觉到历史离我这么近。清朝，就是这么一个既陌生又熟悉的朝代。朋友中，有人在高科技公司上班，但他几代以前的阿公却是清朝的王爷；有人打扮得充满时尚感，但小时候曾见过缠着小脚的祖母；也有人住在高楼豪宅中，而其祖屋却是百年前留下来的传统建筑。我们或许说不出宋代、明代的古人和我们有什么关系，但清代的古人却或多或少与我们有些关系。

在爱新觉罗氏的指挥之下，清朝开创了傲视全球的康乾盛世；在西方科技与武力的叩门声之中，沉睡已久的清朝受到了前所未有的冲击；在新思潮的兴起之下，传承了两千多年的封建君主专制政体迅速崩溃瓦解。清代是一个充满矛盾与冲突，兼具荣光与哀歌的新旧交替的时代，中国的历史长河在清代汇入了国际化的大洋之中。《清朝热搜榜》系列便是试着在与历史对话的过程中去传递过往的记忆，去追溯大清的真实样貌。

我在编写《战国热搜榜》系列时，为了搜集足够的史料而遇到许多难题，这次的困难之处却完全反过来了。由于清代离我们较近，遗留下来的材料可说是有如瀚海一般，实录、传记、行状、地方志、笔记，以及学界的专著论文可说是多到令人窒息的地步。如何删减裁切，让读者能看得精彩又不至于晕头转向，反倒成了《清朝热搜榜》系列最困难的地方。虽然清朝的历史应该追溯到一五八三年努尔哈赤以十三副遗甲起兵，但因为"创业"时间拉得较长，为免影响紧凑感，我把这一部分留在《明朝热搜榜》系列再写，所以本系列从公元一六二六年努尔哈赤的最后一场战役写起，一直到辛亥革命成功的一九一一年结束。

《清朝热搜榜》系列共分五册，前两册以轻松的方式再现辽东争霸、明亡清兴的惊险过程，展示皇太极内固皇权、外并天下的秘闻，重现闯王李自成攻占北京、吴三桂引清兵入关的场景，窥探摄政王多尔衮、顺治帝福临两人之间的恩仇，鄙视南明诸王苟延残喘、互扯后腿的闹剧，展现郑成功驱逐荷兰人、收复台湾、抵抗清军的豪壮，以及康熙智擒鳌拜、平三藩收台湾，一统天下的气势。三册、四册则重现康乾盛世的荣光，再现康熙大帝执政的心路历程，窥探诸位皇子为储位的明争暗斗，展现四爷雍正高深莫测的政治手腕。在赞叹乾隆缔造了盛世的同时，也垂泪于东方巨龙的闭关沉睡。最后一册则写尽曾经睥睨天下的大清，从当世富豪变成破落户的辛酸，以及一次次与外敌对抗所带来的屈辱。

除了专题报道，以及可以快速轻松查考及搜索历史事件的"热搜事件榜单"之外，我也特别在相关的时间点上，加入了一些国际要闻，以便让读者更好地了解清朝与当时国际趋势之关系。在每一年的版头都清楚地标注了事件发生的年代，内文涉及月、日的部分，为了与古籍记载相符，都采用阴历，以免读者混淆，不便之处，还请读者见谅。在一些皇帝名字后面的庙号，其实是要等到人死了之后才会给的，只是为了方便读者在熟悉的传统人物印象与本书角色之间切换，才特别以括号注记。另外，顺带一提的是，清初的发辫并不像清宫剧人物那样潇洒有型，其实只在脑后留了大约一个铜钱的大小，绑起来的辫子有点像老鼠尾巴。那样子实在是过于滑稽，丑到连我自己也画不下去，为免英雄人物的形象在读者眼前幻灭，所以还是美化了一下，要提醒各位读者不要搞错了。

当年，西方列强高举殖民主义旗帜，以武力强行打开中国市场，用鸦片赚取高额暴利；当年，民不聊生、赤字高悬，达官显贵依然过着奢华的生活；当年，人们看到一次又一次翻身的机会，却又一再让机会从指缝间溜走。而轰隆的枪炮声及人民的怒吼，就宛如为大清国特别谱写的哀歌。鉴古知今，唯有学到历史的教训，才能不再犯下错误。真实地写史，是身为一个历史作家的责任，但了解并创造新的历史，是所有两岸中国人共同的义务。我们知道，百年前的昨天，从云端跌落的古老中国惨遭列强欺凌；但我们希望，百年后的今日，自谷底重生的新中国能让世界致敬。

或许有些人会觉得历史是一些老掉牙的东西和故事，对生活没有什么帮助，不如看些励志、理财、健康、美食或是科技方面的书比较实用。其实我年轻时也这么认为，但一直到进入社会之后才发现，做事是本分，做人才是关键。做事的方法你可以凭着自己不断的努力去领会，但做人的道理却必须借着一次又一次的错误，才能领会。有很多时候你吃了同事或老板的闷亏，才会恍然大悟；有很多时候你说了不对的话，或做了一些错误的决策，才会感到追悔莫及。其实这些，历史上已经出现过很多次了，它就像一面明镜，反映出人类不断重复的行为模式。当你把历史故事转化为智慧的时候，就会发现它是最实用的一门课程。毕业之后，以前所学的微积分之类的科目，几乎没有在生活中派上用场。而写作过程中大量接触到的历史故事，却让我更能洞悉事情的发展脉络，更能做出正确的判断与恰当的反应。千万不要以为你我和古人有什么不同，我们和古人的思考模式并没有区别。所谓鉴古知今，就是借由古人的经验，让你有了了解现在的能力。而人生的胜负，往往只取决于几个重要的抉择点，以及一念之间的差异，不是吗？

　　不管这个时代的我们身处何处，数千年同源同种的历史文化，却是中华儿女共同的根与骄傲。谢谢中国法制出版社的诸位前辈，在编辑过程中给予的指导与协助。希望这一系列的出版，可以帮助读者们用更轻松的方式获得乐趣与知识，在朋友间晋升为历史达人。谢谢正在翻阅这本书的朋友们，愿意让我的创作占用您一点点美好时光。

目 录

皇族世系表（部分）·大清

爱新觉罗氏

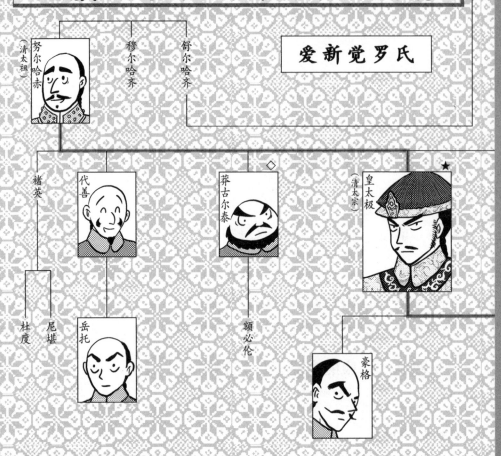

努尔哈赤（清太祖）
穆尔哈齐
舒尔哈齐

褚英
代善
莽古尔泰 ◇
皇太极（清太宗）★

杜度
尼堪
岳托
额必伦
豪格

努尔哈赤诸子

★ 叶赫那拉氏之子
■ 乌喇那拉氏之子
◇ 富察氏之子
　其他

阿敏

济尔哈朗

德格类

阿济格

多尔衮

多铎

（宸妃海兰珠之子）
（清世祖）
福临

备注

宸妃之子及董鄂妃之子均早
殇，未取名。

皇族世系表（部分）·大清

爱新觉罗氏

皇族世系表（部分）·大清

爱新觉罗氏

皇族世系表（部分）·大明

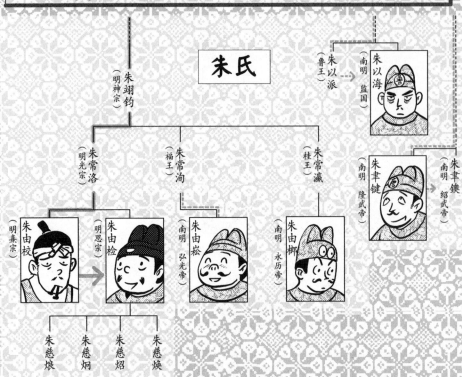

朱氏

（明神宗）朱翊钧

（朱以派 鲁王）

（南明 监国）朱以海

（明光宗）朱常洛

（福王）朱常洵

（桂王）朱常瀛

（南明 隆武帝）朱聿键

（南明 绍武帝）朱聿𨮁

（明熹宗）朱由校

（明思宗）朱由检

（南明 弘光帝）朱由崧

（南明 永历帝）朱由榔

朱慈烺

朱慈炯

朱慈炤

朱慈焕

重要登场人物·大清

注：本页登场人物中，"庄妃"和"孝庄太皇太后"实为一人，因前后形象差异较大，故同时列出。

重要登场人物·大清

苏麻喇姑　满保　孙思克　傅尔丹　徐元梦　赵凤诏

黄廷桂　夏之芳　海望　纳延泰　阿克敦　鄂善

傅恒　讷亲　兆惠　阿桂　和珅　福康安

刘墉　温福　张照　张广泗　班第　杨应琚

明瑞　舒赫德　纪昀　桂林　阿尔泰　窦光鼐

常青　尹壮图　策凌　雅哈尔善　白钟山　庆复

重要登场人物·大清

傅清　阿布敦　刘藻　孙嘉淦　永常　郎世宁

策楞　陈辉祖　曾国藩　李鸿章　左宗棠　袁世凯

林则徐　曾纪泽　肃顺　穆彰阿　刘铭传　丁汝昌

琦善　僧格林沁　向荣　叶名琛　桂良　文祥

载垣　康有为　马新贻　崇厚　刘永福　沈葆桢

那彦成　李长庚　奕经　端华　刘步蟾　黎元洪

重要登场人物·大清

 百龄
 杨芳
 奕山
 端方
 载泽
 毕沅

 胡雪岩
 李光昭

重要登场人物·大明

 袁崇焕
 魏忠贤
 毛文龙
 祖大寿
 曹文诏
 卢象升

 左良玉
 张凤翼
 苗胙土
 杨嗣昌
 孙传庭
 吴阿衡

 高起潜
 贺人龙
 周延儒
 史可法
 李建泰

重要登场人物·其他

耿仲明　吴三桂　尚可喜　吴应熊　尚之信　耿精忠

王辅臣　李自成　牛金星　张献忠　孙可望　林丹汗

刘宗敏　李定国　高迎祥　罗汝才　郑芝龙　郑成功

郑经　郑克塽　冯锡范　郑泰　何斌　噶尔丹

拉藏汗　策妄阿拉布坦　罗卜藏丹津　噶尔丹策零　颇罗鼐　莎罗奔

阿尔布巴　纳木扎尔　喇达尔扎　珠尔墨特那木札勒　达瓦齐　渥巴锡

重要登场人物·其他

索诺木　黎维祁　张格尔　彼得罗芙娜　乔治三世　华盛顿

多罗　马戛尔尼　洪任辉　拿破仑　维多利亚女王　明治天皇

拿破仑三世　赫德　李泰国　蒲安臣　斯坦因　郭士立

亚马喇　朱一贵　杜君英　林爽文　庄大田　王伦

王聪儿　林清　洪秀全　杨秀清　萧朝贵　冯云山

韦昌辉　石达开　孙文　杨衢云

第 一 章

康熙亲政　励精图治

（公元一六六二年～一六七六年）

▸ 永历帝绞死昆明
延平王病逝台湾

▸ 鳌拜专权日益跋扈
擅杀内大臣费扬古

公元一六六二年　　**公元一六六三年**　　**公元一六六四年**　　**公元一六六五年**

▸ 清兵提督奋力追击
大顺余部用计反扑

▸ 施琅二度攻台
又因风浪告吹

▸ 北逆书案宣布侦结
名士顾炎武判定无罪

▸ 施琅调京遭冷冻
清廷对台释善意

▸ 西选制逐渐成形
吴三桂独步滇黔

公元一六六六年　　**公元一六六七年**　　**公元一六六八年**　　**公元一六六九年**

▸ 康熙亲政
鳌拜掌权
辅臣苏克萨哈遭斗死

▸ 鳌拜卧床私藏利刃
玄烨探视不敢吭声

▸ 惊天一搏天地逆转
少年天子了得
康熙智擒鳌拜

▸ 吴三桂兵强马壮
　俨然一独立王国

▸ 清廷只抚不剿
　郑氏恢复活动

公元一六七〇年　　**公元一六七一年**　　**公元一六七二年**　　**公元一六七三年**

▸ 康熙东巡祭祖
　谕令严防沙俄

▸ 不堪长子凌虐
　尚可喜请归老辽东
　正谋削减三王
　清政府令撤平南藩

▸ 耿精忠吴三桂跟进
　康熙下令再撤二藩

▸ 吴三桂军兵锋难挡
　西南半壁情势危急

▸ 陕西王辅臣叛变
　莫洛中流弹气绝
　局势牵一发而动全身
　清军急动员递进补防

▸ 图海逼降王辅臣
　陕西局势渐好转

公元一六七四年　　**公元一六七五年**　　**公元一六七六年**

▸ 见京城八旗尽空
　布尔尼蒙古竟反

3

年度热搜榜

两大案江南激众怒　朱国治闪人遭革职

　　去年（一六六一年）主导"哭庙""奏销"两案，分别造成江南地区九十人被处死，以及一万三千五百七十一名士绅被除籍严惩的江宁巡抚（地方行政长官）朱国治，日前因擅离职守，已被大清政府下令革职。据记者深入了解，汉军正黄旗的朱国治原本以丁忧（为父母守丧约二十七个月）告假，但依当时的规定，隶属八旗者是例不丁忧的，只在守丧二十七日后，便应销假上班。但朱国治守丧二十七天结束之后，又具疏请准其守完二十七个月的丧，经朝议许其终制，并另推韩世琦为新任巡抚。但由于两案对江南地区的知识分子伤害极大，使得当地的百姓对朱国治可说是恨之入骨。朱国治也感觉到了情势的紧绷，为了避免群情激变，在接任者还没来的时候，便已神色慌张地收拾包袱闪人，于是被革职为民。

永历帝绞死昆明　延平王病逝台湾

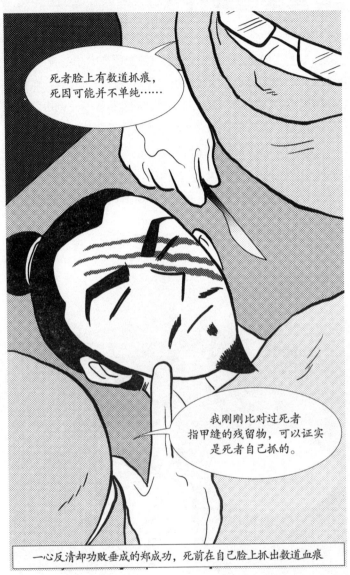

一心反清却功败垂成的郑成功，死前在自己脸上抓出数道血痕

南明永历帝朱由榔被大清平西王吴三桂押回昆明之后，已于四月二十五日被下令以弓弦给绞死，得年仅有三十八岁，同时被处死的还有其家眷共二十五人。而朱由榔的遗体在被吴三桂下令焚化之后，朱氏的南明王朝，也随着被扬散于空中的骨灰消失于无形。相较于永历政权的溃亡，吴三桂则因俘获朱由榔有功而被晋封为亲王（第一等爵位）之列。

不过，反清势力的噩耗还不止于此，去年才将荷兰人驱离的延平王郑成功，也于五月八日因病骤逝于台湾。据台湾的记者连线，其实一开始郑成功只是偶感风寒，原本应无大碍。但由于其父郑芝龙及永历帝朱由榔先后被杀的消息传来，使得郑成功忧怒交集而病情加剧。只能在"忠孝两亏，死不瞑目"的长叹声中，以手将脸抓出数道血痕，在三十九岁这年惨然而逝。

5

官员考核制度大转弯
京察大计终止　五等考满独行

　　由索尼、鳌拜等四辅臣执政的大清中央政府，于六月下令终止顺治初年便并行实施的"京察"（在京官员考核）、"大计"（地方官员考核），改成只单独实行清初原来的"考满"制度。所谓的"考满"就是在官员任满三年时，三品以上京官（中央官员）及督抚（总督、巡抚等地方官），必须自己陈述在任内的所有功过劳绩，然后送吏部、都察院考核。外官则由督抚分级考注，以政绩之优劣来定等级。凡京官四品以下、外官布政使（地方行政长官）以下，考满可分五等：一等为"称职"，加一级；二等为"勤职"，记录一次；三等为"平常"，可留任；四等为"不及"，处以降调；五等为"不称职"，予以革职。不过根据记者得到的最新消息，中央政府将会在九月再将内容稍作修改，把一等"称职"者改成记录一次，二等"勤职"者则另给奖赏。

大将军不敌瘴疬
李定国病死丛林

　　曾经对大清军队造成极大伤害，先后断送定南王孔有德、和硕敬谨亲王尼堪性命的南明大将李定国，原本在四月时还率众沿九龙江南下，企图重新恢复反清势力。但无奈当地丛林瘴疬猖獗，所携人马病死日多，不但部队兵力大幅减少，连李定国自己亦染病不起。而在听闻永历帝朱由榔已死的噩耗后，病情亦迅速加重，已于六月底在留下临终遗言"宁死荒外，毋降也"之后去世。

小心！是有毒的瘴气。

南明大将李定国因深入瘴疬之地而染病身亡

　　之前被从台湾赶跑的荷兰人，在得知郑成功病逝的消息后，密谋卷土重来。总部设在巴达维亚的荷印总督特命商务专员博尔特率着由十二艘战船组成的舰队、一千二百八十四名武装士兵，以及一百三十九门火炮，从巴达维亚启程。七月时，船上竖有"支援大清国"字样旗帜的荷兰舰队开至闽江口，博尔特遣使企图与靖南王府达成协议，以自由贸易等为条件，出兵协助大清政府讨伐郑氏家族。只是此时，清廷正派员招抚台湾，所以并未考虑荷兰人所提出的建议。于是荷兰舰队只好单独行动，以海盗般的方式袭击郑氏名下的船只，不过迄今为止，似乎并没有收到任何显著的效果。

叔侄相争延平王位　郑经回台确保政权

　　延平王郑成功死后，台湾内部便发生了因为争夺领导权而引发的内斗。萧拱宸、黄昭等郑军部将在台湾拥立郑成功之弟郑袭继位，而郑成功的长子郑经则自行嗣延平王之位于厦门，双方都坚称自己才是合法的正统继承人。郑经为了能专心应付台湾方面的内斗变局，还在八月的时候，先假意答应了靖南王耿继茂、福建总督（地方行政长官）李率泰的要求，将所陷州县的印信十五颗遣人送还，并请其为之代奏投诚之意，然后率兵回台平

叔叔，您坐在我爸的位置上干什么呀？

别误会！我只是先帮你把位子温热，天气冷嘛……

乱。十月十七日，郑经所亲率的五千舟师先后抵台，并趁大雾之时登上鹿耳门，在斩杀叛乱的首脑之一黄昭后，其余的驻台诸部将领便立刻表达了支持的立场。于是郑经直入安平，再将另一叛首萧拱宸及其党徒逮捕斩杀。至于被拱上宝位的叔父郑袭，郑经则依旧待之如故，连同其余将领及官员都不予追究责任，一举稳固了在台湾的领导地位。等到发现上当的清廷再次遣使议和时，郑经则又提出了不剃发、不登陆、照朝鲜例纳贡称臣等老掉牙的谈判条件，而和议最后当然又是以失败收场。十一月时，郑经在把台湾的一切事务安排妥当后，便与郑袭等人回到厦门的前进基地中，再次将矛头指向大清的军队。

年度热搜榜

你剃反了……

这次的易容化装好简单啊，只要一把剃刀就搞定了。

是啊，然后绑成辫子就完成了。

大顺军李来亨部队剃发易服，伪装成商贩混入清军阵营之中

清兵提督奋力追击 大顺余部用计反扑

今年初，大清兵团继续对大顺军余部展开追击，由湖广提督（军事指挥官）董学礼等率领的军团，在湖北一带以三万兵力，强压数量只有其三分之一的大顺军李来亨部队。双方于夷陵一带展开了极为激烈的战斗，最后大顺军果然寡不敌众，在伤亡过半后狼狈败退撤走，于是清军便进占归州、巴东等地区。不久，清军与郝摇旗部在房县的激战，以及于昌宁进剿袁宗第部的行动也相继获得大胜。只是战场上的情势瞬息万变，当董学礼的部队又于襄郧地区乘胜追击，将李来亨的残部逼入九莲坪山寨之时，没想到李来亨竟然暗中派人剃发易服，伪装成一般的商贩混入清营之中，然后再于约定的时间从山寨中发兵进攻。等到清军前来迎战时，这些早已摸入寨中的奸细就在营中忽揭大旗，鼓噪放火，使得清军阵脚大乱，最后导致死伤惨重，丢失了原先占有的优势。

郑经扩大调查叛变事件

驻军金、厦，据有台澎的郑氏集团，其内斗戏码在郑经取得主控权后仍持续上演。据记者所得到的情报，由于郑经在之前返台时，已掌握了郑泰（郑成功堂兄）曾经暗中以书信往来黄昭的证据，显示之前黄昭、萧拱宸等人另拥郑袭继位的叛乱事件，郑泰也是主谋之一，于是下令召见驻兵金门的郑泰，想要借他进入厦门之时将其逮捕治罪。不过，郑泰方面似乎也发觉不对劲，硬是以生病为由推托，躲在自己的地盘中避不相见。

大清皇太后去世

大清康熙帝玄烨的生母慈和皇太后，于二月十一日去世，得年二十四岁。而年仅八岁便已失去双亲的玄烨，虽然贵为当朝天子，但仍是极其悲伤地伏跪于亡母的棺椁旁边，痛哭不已。而照顾、保护、教养这位年幼皇帝的使命，则是全落于其祖母，也就是太皇太后博尔济吉特·布木布泰（孝庄后）的身上。

天灾异变

今年二月十九日，在北京有不少目击者看见天空中有为数可观的流星划空而过，其中一部分陨石更是坠落地面，爆出震耳欲聋的骇人声响。这批从天而降的陨石目前已有四颗在城内被寻获，另外七颗则散落于城外各处，所幸未造成太大的伤亡。不过，四月二十二日突然刮起一阵黑风的辽宁，可就没有这么幸运了。据统计，这股从南向东的怪风，已经吹倒了四百三十余间民房，更造成了五百余人被压死的悲剧。

节制督抚兵民　平西王大扩权

由于剿敌任务需要，辅政四大臣已于去年（一六六二年）十二月二十二日，同意贵州一切文武官员及兵民的各项事务依照云南之例由平西王吴三桂全权管理。今年二月十八日，大清中央又准吴三桂之请，将要发给云南、贵州二省总督、巡抚的敕书，都写入"听平西王节制"字样，让督抚今后都听从吴三桂的统一调度及指挥。但是资深评论家认为，虽然此举是战时不得已的权宜措施，但却潜藏着极大的危机。因为就算吴三桂没有因此就拥重兵叛变，过大的权力也将使其逐

好可怕……

什么！不会啦……只不过是我之前在宠物店买的小蜥蜴。

在清廷不断授权之下，吴三桂俨然已成为一头失控的怪兽

渐失控，这就好像不断地注射禁药，把身边的宠物慢慢变成大怪兽一般，势必成为清廷日后的一大隐忧。

明史案结　文字狱兴
首告人升官发财　牵连者身首异处

他在高兴什么？中彩票了吗……

是去密告别人，结果得到赏金和官位了。

啦……啦……

　　喧腾多时的"明史案"终于在五月底宣布结案，此涉及毁谤政府的文字狱案件，受到牵连处分者竟将近千人，其中七十余人因此丢了性命。根据官方版的判决书，已死的南浔盲眼富绅庄廷鑨，因生前编辑的《明史辑略》一书中，有多处不敬朝廷，例如仍奉尊明朝年号，不承认清朝的正统，直呼大清太祖努尔哈赤为"奴酋"、称清兵为"建夷"等的叛逆之语，而被处以开棺戮尸之刑。另外，为本书作序者、校阅者、刻书、卖书、藏书者均被处死，其余相关人等亦各有处分。不过，据记者所得到的资料，其实《明史辑略》的主要内容并非庄廷鑨所亲作，而是由前明天启朝大学士（高级官员）朱国祯所编辑之《明史》中未刊入之《列朝诸臣传》遗稿所略

为改动而成。原来，天生眼盲又有才学的庄廷鑨，一直想以春秋时期的鲁国盲眼史官左丘明为仿效对象，希冀完成一部像《左传》般足以遗世的史书巨作。但这事的难度实在太高，所以一直以来都没有任何进展。有次在偶然之间，庄廷鑨听闻朱国祯的后代因家境败落，而想将其未收录的《列朝诸臣传》遗稿脱手求售，于是以千金的代价购得，又花钱请人稍作增删，然后以自己为作者，将书名定为《明史辑略》。只是书成之后不久，庄廷鑨便因病去世。其父庄允诚为完成其遗愿，便于一六六〇年找来另一个金主朱佑明，出资将此书刻成。但此书问世之后，被归安前知县吴之荣发现书中忤悖朝廷之处，吴之荣以此要挟勒索庄允诚。在无法得逞的情况下，吴之荣在一六六一年一状告到杭州将军那里了。庄允诚见他真的告了官，便只好以重金贿赂杭州将军才将此事压了下来，然后赶紧将书中有问题的字句重新修正，再次刊刻发行。只是吴之荣并未就此放弃，去年（一六六二年）十月，他又带了初刻本入京告发，所以才有了今日之判决。而吴之荣除了依判决得到庄允诚、朱佑明两家的巨额财产外，还被政府复官起用，可说是本案的最大赢家。

哈！逮到你了。

吱！

郑经以"金厦总制"的官位为饵，成功诱捕其堂伯父郑泰

郑经释出善意息内斗
原是设计诱敌逮郑泰

内斗日益严重的郑氏集团，日前由郑经首先释出了善意，决定将基地转往台湾，并把金门、厦门都交给郑泰管理。于是他遣官携印到金门，委派郑泰为金厦总制（高级官员）。而嗅到和解气氛的郑泰也终于肯出面，亲率兵船运饷银十万两到厦门与郑经握手言和。但令人讶异的是，这一切都只是郑经为了诱捕政敌而刻意营造出来的假象。原来，郑经采用了手下首席智囊陈永华的建议，假装要前往台湾，并以金、厦的控制权当饵，诱使郑泰入见，然后当场将其逮捕。郑泰误中圈套后，郑经随即出示于台湾缴获的其与叛党黄昭之间往返的书信，在毫不留情地质问审讯之下，郑泰也只好认罪而被囚禁下狱，最后自缢而死。消息传出之后，郑泰之弟郑鸣骏为求自保，已带着家人及八千余名兵士，乘着二百余艘船向大清福建总督李率泰请降。

荷兰再提联军
清方不予理会

之前企图趁郑成功去世之时谋取台湾地区的荷兰人，在骚扰策略无效后，于今年再度采取实际行动。由巴达维亚出发的荷兰东印度公司特使博尔特，于七月时率战舰十七艘，携士兵二千六百余人、大炮四百多门驶抵福州港，再次向清廷提出双方合作对付郑氏集团的议案。不过同样附带了一些条件，包括要求清廷承认荷兰对台湾的所有权，并请大清政府下令禁止与荷兰以外的任何人通商等项。九月时，博尔特获准入见靖南王耿继茂及福建总督（地方行政长官）李率泰，除了上述条件外，还要求东印度公司在中国享有贸易之自由而不受任何干涉、联合军事行动时清方的战船必须由荷兰统一指挥、克复金厦后荷方得在两岛之中择一驻军，以及夺取金厦后联军应转而攻台，并承认荷兰在台湾所有城堡与物件的所有权。虽然荷方洋洋洒洒地开出了一大堆条件，但据记者所知，目前清廷方面的态度则是完全不予理会。

清军四川总督李国英击溃大顺残部刘体纯的
部队，大大削弱了义军的士气及力量

大顺残部兵出巫山
四川总督强势歼敌

之前被清军逼入四川的大顺军各部残兵，又再度集结，于入冬之后合兵出犯巫山。这次大顺军可说是来势汹汹，刘二虎、李来亨、郝摇旗、袁宗第、党守素、塔天宝、马腾云七家联手出击，对清军造成了不小的威胁。不过，清军方面亦不甘示弱，由四川总督李国英所率领的大军，毫无所惧地直逼大顺军刘体纯部的巫山营地而来。在经过一番激烈的拼杀之后，大顺军终于不敌溃败，刘体纯也自缢而死。袁宗第、郝摇旗等人则是连夜撤走，但不久后又被清军追至黄草坪擒杀，大大削弱了义军的士气及力量。

施琅发水师三路　郑氏失金厦二岛

在去年（一六六二年）六月刚擢升为福建水师提督的施琅，之前上疏清廷，建议应该趁着郑氏集团内斗未歇之时，伺机发兵夺取厦门。在清廷批准了这项计划后，施琅便在当地自筹材料、经费，用很快的速度造了快船一百六十艘，以及三千副甲胄兵器。等到一切完备，便于十月下旬在靖南王耿继茂、福建总督李率泰，以及荷兰舰队的协同下，以三百余艘战船的实力，分三路先后攻克厦门、金门。郑经败退铜山，而郑氏近亲郑耀吉等人亦自金门渡海降清，郑经部队已陷入无险可守的窘境。

等着瞧吧……复仇之路才刚开始呢。

施琅

年度热搜榜

荷兰军白忙一场　清政府不允其请

> 经过试用期之后，本公司决定不予录用，而且……不发薪水。

> 那握棉气不是做败工了……
> （那我们岂不是做白工了……）

虽然荷兰出兵帮助清军攻郑，但所提出的永久居住、建立商埠、长期贸易等条件仍然未能通过

　　原本希望借着联合军事行动，取得有利贸易地位并侵占台湾的荷兰人，在实际出兵助攻之后，终于得到清廷对于其所提条件的答复。据福建总督李率泰的转述，大清中央政府经查前朝的档案，发现从未有允许外国人在中国永久居住、建立商埠或长期贸易的惯例。但鉴于荷兰出兵协助征剿，故可允许其这次所带来的货物在巡抚许世昌、总督李率泰的监督下售出以获取应得的利润。但在下次被允许的使节进贡时间之前，不得再有任何贸易行为。荷兰方面原本满怀希望，认为出兵助攻多少能捞点好处，却仍是得到几乎全盘否决的答复，只好在年初带着舰队启程返航。

叩阍流程从严规定　不得径自越级提告 ••••••••••••••••

　　清政府于三月公布了一项命令，要求百姓如有冤屈者，可以到原来承审衙门及部院提出控告。只有提讼的结果仍然无法为其辨明是非曲直者，才可以依照前明的惯例"叩阍"，直接向中央提出申诉。以后凡是不赴原承审衙门及部院提出控告就直接叩阍者，或已叩阍但不等候原承审衙门及部院审结又再度叩阍者，或再找人代为告诉者，全部通行禁止，其代人控告者则判处死刑。

郑经部队溃败退台湾　清军掘沟筑墙防越界

清军福建总督（地方行政长官）李率泰、提督（军事指挥官）王进功，以及归降的郑氏旧部海澄公黄梧等，于三月时乘胜追击，率领大军向铜山发动攻击。军心早已溃散的郑氏军团，一经接触便溃不成军，先后投降者高达三万余人，对战被斩者则有三千二百余人之多，郑经仅率数十艘船败走台湾。至此，郑成功多年来苦心经营的台湾以外的基地，已然全部丧失。而李率泰在郑经遁走台湾之后，立即移师铜山，并驰令各岛及沿海百姓全部迁入内地，以免有人暗中资助郑氏集团。于是浙江、福建、广东三省沿边，都依令开掘二丈余深、二丈余宽的"界沟"，并筑起厚四尺余、高一丈的"界墙"，然后于高处修建炮台，每二三十里设立营寨，分兵据守。但根据记者实际走访，规定是一回事，实施起来却是另外一回事。看守边界的官兵若收了钱，根本不管你是否越界出入，完全就当作进出自家厨房一样方便。但若有与之结怨，又不愿出钱贿赂者，则会被官兵拖出界外，然后以私自越界的罪名当场杀死。此项政策，不但没有收到预期的效果，还让沿海百姓流离失所，生活在悲惨恐惧之中。

四大辅臣中，鳌拜专权日益跋扈的形势已经越来越明显

鳌拜专权日益跋扈　擅杀内大臣费扬古

清廷四大辅臣中，由于索尼年事已高渐不问事，而生性懦弱的遏必隆又依附在鳌拜之下，使得鳌拜的态度越来越强势，连一向与其不和的苏克萨哈都难以制衡鳌拜的专权。日前，对付政敌毫不手软的鳌拜，就因与内大臣（高级官员）费扬古不睦，而对其痛下杀手。先是以擅骑御马、擅用御弓等莫须有的罪名将费扬古之子倭赫与两名侍卫论斩。不久又以费扬古守陵时有埋怨之言，将其连同另外两个儿子都判处绞刑，并将其房产籍没转归鳌拜之弟所有。鳌拜此举不但彻底击垮了对手，也使得政坛中的反对力量开始噤声。

14

依照大清皇室的规定，皇宫内禁设有"侍卫处"，由上三旗（镶黄旗、正黄旗、正白旗）的子弟组成亲军侍卫，负责翊卫扈从，守卫皇宫，引导官员觐见，稽查皇宫出入，皇帝出巡随扈保驾，驻扎行宫守卫、戒备等安保工作。侍卫处设"领侍卫内大臣"六员，官阶正一品，由上三旗中每旗选二人担任。其职责是挑选侍卫亲军、弓马骑射等战技训练、侍卫的考核升降、宿卫值班、随扈守卫。其下设从一品的"内大臣"六员，亦由上三旗中各择二人担任，负责协助"领侍卫内大臣"掌管统率侍卫亲军、卫护皇帝。另有"散秩大臣"若干人，由皇帝从勋戚王公大臣中直接钦选，以协助"领侍卫内大臣"及"内大臣"处理事务。通常"领侍卫内大臣"出缺时，从内大臣、散秩大臣或满洲都统（固山额真，旗指挥官）、大学士、尚书、将军之中选授。而之下的"一等侍卫"共六十员，官阶为正三品，亦由上三旗中每旗选二十人组成。"二等侍卫"共一百五十员，官阶正四品，由上三旗中每旗选五十人组成。"三等侍卫"共二百七十员，由上三旗中每旗选九十人组成，官阶正五品。除了三等的侍卫外，还有"蓝翎侍卫"共九十员，官阶正六品，也是由上三旗中每旗选三十人组成。所以负责随扈皇帝的侍卫亲军，虽然除了主管级官员外只有五百七十人，还要排班轮值，但这些侍卫可都是经过精挑细选、武艺超群的特勤人员，足以应付种种危及皇帝人身安全的紧急状况。

清军不断追剿
夔东十三家悉遭铲平

清军进剿夔东一带大顺军余部的行动，在今年宣告终结。先是二月底时，马腾云、党守素、塔天宝等部先后降清。到了八月，于茅麓山坚守的夔东十三家最后一支李来亨部，在被数万清军立寨围困一年之后，因粮尽势孤，只好聚集诸将，含泪分遣众人逃散，然后举火烧寨，与妻子亲信等人一同投身火场之中而死。而李来亨所统领的三万人，或死或逃，仅有一百五十人被俘。至此，李自成死后的残存势力，终于被清军给消灭殆尽。

施琅渡海击台无功返
英军觊舰澳门败兴归

因克复金、厦有功，在七月时被授为靖海将军的福建水师提督施琅，于十一月率郑氏降将周全斌、杨富等，组成军容壮盛的海军舰队跨海进攻台湾。不过再强的舰队也敌不过老天爷，舰队才刚出航，便因遭遇强大的风浪而受损严重，只好无功而返。而海上行程同样铩羽而归的还有英国的舰队，今年是英国继一六三七年之后，第二次派出船舰到澳门寻求贸易机会，但因葡萄牙人自明朝时就已经开始在此经营，所以便从中多加阻挠。英国人在停留五个月之后，始终找不到切入点，只好暂时离去。

年度热搜榜

> 你这病怎么每三年就发作一次，是不是压力太大了……

> 没办法啊，每三年就要考核一次，好紧张……唉，官不好当啊。

每三年举行一次的"京察""大计"决定了官员们的未来前途

考满弊端丛生　再复京察大计

因四辅臣的坚持而单独实施"考满"制度以来，可说是弊端丛生，衍生出不少问题，所以清朝中央政府已于元月十日下令，废除"考满"制度，同时恢复一六六二年停止的"京察""大计"。其中"京察"为考核京官的制度，依规定每三年举行一次，凡三品以上京堂大员由吏部开列业绩，具题请旨，由皇帝定夺其去留奖惩。而四品、五品官员则由议政王大臣会议核定考绩，其他的官员交由该主管部院堂官考核。"大计"则是每三年一次的地方官员考核制度，其中布政使、按察使（地方司法及监察长官）由督抚依其政绩表现写出评语呈送吏部，再由吏部汇核后具题请旨由皇帝做最后定夺。其他官员则由州、县、府、道、司逐级考核，然后统一造册申报督抚，由督抚审阅并加注评语后，经缮写汇总呈送吏部。考核时最主要依"四格"来评定官员各方面的等级高低，分别是：一"守"，分"清、谨、平、淡"四等；二"才"，分"长、平"二等；三"政"，分"勤、平"二等；四"年"，分"青、壮、健"三等。综合考评后，第一级者为"称职"，获得者有更大可能升官；第二级者为"勤职"，会另给奖励；第三级者为"供职"，仍照旧任事。此三级之外被评为"不合格"者，则必须依"六法"（不谨、疲软无为、浮躁、才力不及、年老、有疾）参劾议处，并分别给予革职、降级调用、强迫退休等处分。但若官员涉及贪、酷者，则另案特参查办。

强震来袭余震不断　皇室成员露宿帐篷

　　三月二日，北京发生剧烈地震，各处轰然作响，造成京城内许多房屋倒塌。由于接下来数日又接连发生多次余震，为了安全起见，皇室已启动了紧急应变措施，请康熙皇帝、太皇太后及宫中其他所有人，暂时露宿于帐篷之中，以免发生意外，结果使得整个广场看起来就像大露营一样。移居室外虽然避得了地震，但却躲不开强烈沙尘暴的侵袭。就在皇室所有成员都移居户外的同时，夹带着大量灰尘的强劲风暴遮天蔽日而来，不但让所有人变得灰头土脸，还因此造成了一些人上呼吸道的不适。因为二月二十九日彗星两次出现，接下来又是地震及沙尘暴，已让政府高层开始紧张起来，认为是上天给人们的警示，所以已经准备由皇帝下诏大赦天下以应天象。

历狱宣判　专业陨落　汤若望等遭严重打击

去年（一六六四年）七月，杨光先上疏指控汤若望、利类思、安文思、南怀仁等外国传教士潜谋造反案，于今年三月十六日判刑定谳。判决书中采用杨光先状词中"假以修历为名，阴行邪教""借历法以藏身金门，窥伺朝廷机密""书上传'依西洋新法'五字，是暗窃正朔之权以予西洋"的说法，认定汤若望等人编修的西洋新法有误，且天朝历祚无疆而被告等却只拟出二百年的历法，居心叵测，又在选择荣亲王（顺治与爱妃董鄂氏之子，出生时被顺治视为皇位继承人）葬期时，方位及年月俱犯杀忌，导致董鄂妃与顺治帝不久先后而死，事犯重大。拟将汤若望

> 这望远镜是不是坏了？怎么啥东西都看不到……

> 报告长官，您……拿反了。

新任钦天监监副杨光先的天文专业水平受到各界怀疑

及杜如预、杨宏量、李祖白、宋可成、宋发、朱光显、刘有泰等钦天监官员全数处以凌迟之刑，涉案相关官员及汤若望的义子斩立决，南怀仁及各省传教士等皆拘禁或流放边疆充军。后因正逢彗星、地震，皇帝发布大赦，所以南怀仁等被免罪释放出狱。但汤若望等历经十二次的议政王大臣会议之后，仍在辅政大臣鳌拜的坚持之下，依旧拟以死罪。最后是在太皇太后布木布泰的斡旋之下，汤若望才得以用效力多年又复衰老的理由免罪释放，但仍需迁出馆舍，将其让给因此案新接任钦天监监副（中级官员）的杨光先居住。至于其他中国籍的钦天监官员，除了杜如预、杨宏量侥幸逃过死劫外，李祖白等五人依然被斩。法律界学者认为，此案之所以成立，根本是因为掌权的鳌拜等人有极严重的种族歧视，不满外国人参与国政，所以便借杨光先的诉状打击这些外国传教士。经此案后，除了汤若望及南怀仁外，所有在京传教士都将被驱逐出京，并在限期内押解南下广东，准备遣送出境。而且，天文学界也指出，新接任钦天监监副的杨光先根本不懂天文历法，其专业水平已备受各方质疑。

施琅二度攻台
又因风浪告吹

去年（一六六四年）渡海征台无功而返的大清福建水师提督施琅，今年再度点齐兵马船只，大举进军台湾。不过，施琅的此次行动似乎仍未受到老天眷顾，三月底甫一出航，便又因遭遇大风浪而暂时返回金门。一直等到四月八日，见风浪渐息才再次扬帆，但仍在外海处被大风吹得船队狼狈而归。四月十六日，本年度第三次挑战，结果仍是因风浪过大无法航行而过不了台湾海峡。由于施琅攻台的行动接连失败，中央政府中有不少人开始对其忠诚度产生怀疑。

清廷裁并各省总督

大清中央政府日前宣布，依议政王大臣会议之决议，将各省的总督予以裁并。其中湖广、四川、浙江、福建四省仍各留总督一员。贵州、云南合并，广西、广东合并，江西、江南合并，山西、陕西合并，直隶、山东、河南三省合并。广东广西总督驻肇庆，江南江西总督驻江宁，直隶山东河南总督驻大名，山西陕西总督驻西安，云南贵州总督驻贵阳。由于总督驻防地的变动，部分提督的驻地也一并更动，其中直隶提督改驻河间，山东提督改驻济南，河南提督改驻开封，山西提督改驻太原，江西提督改驻南昌，贵州提督委由平西王吴三桂确议。而凤阳、宁夏、南赣三区的巡抚，则因防区改定一并裁去。

大清皇室在九月八日，为当朝康熙帝玄烨及首席辅政大臣索尼的孙女，即内大臣噶布喇之女赫舍里氏，举行了大婚典礼，并将其册封为皇后。据清廷高层人士指出，此次的皇后人选为太皇太后布木布泰一手安排，改变了崇德帝皇太极、顺治帝福临皆从蒙古科尔沁部择后之惯例。太皇太后本身虽是蒙古科尔沁部之人，却能不偏袒娘家，而以各族群的融合平衡为优先考量，这被各界认为是有助于大清统一的明智决定。

郑氏积极经营台湾 经济大有成效 ————

郑经丢失了金、厦诸岛后，率领残部退回台湾。在首席幕僚陈永华的建议下，郑经决定从根基开始，一步步经营台湾。于是他下令积极开垦荒地、种植五谷、积蓄粮草，同时又插蔗煮糖、引海煮盐，并促进商贸发展。没多久，台湾的粮食收获量及经济贸易获利，便已十分可观。同时又兴建孔庙、设立学校，强调教化以培育人才。到了十二月底，郑氏集团的实力便已恢复，再度派出七十余艘兵船渡海试探。不过大清的福建水师在获报后不但没有进行捕剿，也没有通知福建、广东各处守军前往截击。日前，福建、广东两支水师都已因此遭到清廷的严厉训斥。

正白旗鳌拜翻旧账　镶黄旗被迫换圈地

今年初，辅政大臣鳌拜突然提议要镶黄、正白两旗交换彼此的圈地，在朝野掀起极大的不安与动荡。原来，在顺治初年八旗入关后，按照以往的方位序分，镶黄旗应该圈得永平一带的土地。当时掌权的摄政王多尔衮想要永平这块比较好的土地，所以便硬将此地分给自己所统领的正白旗，然后把保定、河间、涿州等较次等的地分给镶黄旗。当时虽然引起镶黄旗人士的不满，但惧于多尔衮的权势，只好默默接受，几十年来倒也相安无事。直到最近，换成镶黄旗的鳌拜当权，便提出多尔衮的决定违背祖制八旗各有定序的传统，而且以镶黄旗现有土地不堪耕种为理由，表示应该将正白旗

> 您那块地每平方米价值才八千元，差太多了。

> 不管！我就是要换西单旁边那块地！快去给我办！

所占有之蓟州、遵化、迁安等地，拨还给镶黄旗，然后再另圈民地补给正白旗。此议不但得到同为镶黄旗的辅政大臣遏必隆的支持，而且连正黄旗的索尼也表态赞同，使得持反对意见的正白旗辅臣苏克萨哈孤掌难鸣。命令交办之后，隶属正白旗的户部尚书（高级官员）苏纳海便以土地分拨已久，且康熙三年时奉有民间土地不准再圈之旨，请求将移

文驳回。于是鳌拜乃矫旨，派人踏勘各旗名下不堪耕种之地，然后以镶黄旗之地最为不堪耕作回奏，再次强硬地下令要求苏纳海会同兵部尚书朱昌祚、直隶巡抚王登联负责换地一事，务必在最短时间内办妥所有相关事宜。由于圈换政策一旦真的实行，势必影响到数十万人的生计，造成无数家庭颠沛流离，所以承办官员正在苦思解决之法。

西选制逐渐成形　吴三桂独步滇黔

在兵部的题奏之下，大清中央政府已经核准，将云南、贵州二省的武职军官缺额，由平西王吴三桂提名补实。资深评论家表示，由于之前已经赋予吴三桂节制两省督抚之权，并总理两省一切事务，连两省官员的除授都听其所请，现在连武将的任免也全部变成吴三桂主导的"西选"，吏部、兵部已经失去对滇黔二省的监控大权。未来将形成西选之官皆平西王心腹，中央难以号令调动的情形，加上其经济预算又不受户部稽核，宛如不受控制的独立王国一般。真不知道是中央高层哪一位天才，可以接连应允这样的奏请，让事情演变到即将不可收拾的地步，甚至造成反噬大清的危机。

阻圈换 迫迁移　矫旨处决三大臣　颠沛流离百姓苦

由辅政大臣鳌拜所主导的圈换政策，竟然在各界的反对声浪中，在年底以流血的方式强力实行。除了之前户部尚书苏纳海已经疏谏此案外，属于汉军正白旗的兵部尚书朱昌祚也于十一月，以本案经苏纳海、侍郎（高级官员）雷虎、直隶巡抚王登联商议之后，认为两旗官兵因圈换土地之肥瘠问题相持不决为由，请下令停止圈地之举。同时，汉军镶红旗直隶巡抚王登联亦上疏，表示经过调查，两旗民众皆不愿圈换，且现因待圈，已使得人心惶惶，皆弃地不耕，四处荒凉极目，严重影响粮食生产，也请下令停止圈地。只是疏入之后，引起鳌拜震怒，他便下令以干预朝廷已经决定之事为由，将其二人连同苏纳海，下吏、兵二部议处。刑部审案之后，议将苏纳海以拨地迟误，朱昌祚、王登联以纷更妄奏之罪处分。但大清律中又无相关处罚条款，所以拟请将三人鞭一百，并籍没家产。康熙帝玄烨看到刑部所上的起诉书后，知道鳌拜必欲置三人于死地，所以特别召集了四大辅臣前来询问意见。但其中除了苏克萨哈保持沉默不语外，其余的三人竟都坚持应置重典严惩，虽然玄烨最后仍然没有松口同意，但鳌拜竟不顾皇帝的意见，擅自矫旨于十二月二十日将苏纳海、朱昌祚、王登联三人处以绞刑并籍没家产，然后另行派人督理此事，并于二十三日无视民众的反对强势进行圈换。结果圈换了一百八十六万亩的土地，受命迁移的人丁达六万余人。其中镶黄旗壮丁四万余名，由保定迁往蓟州等地，其地一百二十余万亩由正白旗派给。正白旗壮丁二万二千余人，则迁往玉田等处，其地六十余万亩，不足者从永平、滦州、乐亭、开平等民地取拨。强行圈换造成京畿一带动荡，严重破坏社会生产，附近各州县旗人与百姓失业者竟高达数十万人，田荒粮竭，已造成社会极大的恐慌。

年度热搜榜

借口京察洗牌　　鳌拜广植党羽

　　四大辅臣之一的鳌拜，借着今年三月京察的机会，革除了许多重要部门的领导，并表示希望此番的人事更新，可以为国家带来一番新气象。但政治分析师则认为，此番部长级官员的替换，根本与行政效率毫无关系，完全是其个人政治布局的考量。因为已知的新任吏部尚书（高级官员）阿思哈、兵部尚书噶褚哈、吏部右侍郎泰璧图、工部尚书马尔赛、兵部右侍郎迈音达等人，全部是各界所熟悉的鳌拜党羽。而此次的高层人事异动，无疑将使鳌拜的影响力大增，在议政王大臣会议上更能得到绝大多数的支持，四大辅臣中将再也无人有实力可以与之抗衡。

江南逆书案起　　诬告者遭反坐

　　由于之前"庄廷鑨明史案"爆发后，被牵连的一干人等皆处以极刑，于是部分歹徒便起了祸心，想要仿照此例来制造假案，以达到恐吓取财之目的。日前，在江南就破获了一件因勒索未果而想诬告害人的"逆书案"。所幸在相关部门抽丝剥茧的追查之下，终于水落石出，还给了被害人一个公道，也让歹徒得到了应有的惩罚。根据官方公布的判决书所述，江南人沈天甫等四人合议共谋，先是收集了名士黄宗羲之父黄尊素等一百七十六人的诗集作品，然后以陈济生之人头假名编辑出版，结集成一百八十章内容多有冒犯清廷的诗集《忠节录》。同时并冒用已故的崇祯朝大学士（高级官员）吴甡等六人的名义，来为此书作序。然后再以"明史案"中为逆书作序者将被满门抄斩之判例作为要挟，以不予告发为交换条件，强向吴甡之子中书（低级官员）吴元莱勒索两千两白银。但眼尖的吴元莱翻开《忠节录》一看，发现书中序文的笔迹并非其父所写，便推断一定是沈天甫等人加以伪造，以作为诈骗勒索之用，于是立刻向巡城御史（监察官）具状提出告诉。在经过司法部门的深入调查之后，证实了此书果然是专门为了勒索而做出来的伪作。于是相关部门便将沈天甫等四名首谋，以"诬称谋叛，以行陷害"之罪名拟请问斩。由于此案引起了中央政府的注意，所以在案后不久，清廷高层便发布命令，以近日来北方"于七贼党""逃人"，南方"通海""逆书"等案诬告者越来越多，要求司法部门在审理类似案件时，务必查明真相。经查如果有想要以诬告陷人于罪者一律反坐，若所犯者为旗人，则枷号两个月，鞭一百，若为民人，则责打四十板，流放三千里外充军。

喧腾一时的逆书案宣告侦破，原告等因陷人于罪而遭到逮捕严惩

坐大惹议　三桂自疏
免去西选及总管滇黔之权

由于平西王吴三桂日益扩权坐大，是否将会难以控制的问题开始引起清廷的担忧，其中更有大臣劾奏吴三桂有图谋不轨的异心。吴三桂在听闻这些风声之后，为免成为言官指责的对象，成为政治斗争的牺牲品，便在幕僚的建议下，上疏以眼疾为由请辞云贵事务，以免惹来不必要的麻烦。此疏上达中央后仅十二天，清廷便于五月三十日允其所请，免去其"西选"的人事任命特权。同时命云南、贵州之事务依照其他各省之例，责令由督抚管理。其大小官员的任免，亦照省例，由吏部题授。虽然被视为吴三桂党羽的云贵总督卞三元等人随后立即上疏请求仍由吴三桂总管云贵事务，但清廷仍以吴三桂眼疾不宜过劳为由，

吴三桂虽然自请免去西选之权，但实际上仍借之前安插的人马，在暗中掌控着西南半壁

不允所请，坚持免去吴三桂总管滇黔事务及西选之权。分析师认为，吴三桂之所以会在此时主动请辞云贵事务，主要是因为其力量尚未强到足以和中央抗衡，与其被以图谋不轨为借口斗下台，甚至丢了性命，倒不如先自清输诚，以杜言官之口。而清廷同意废去其西选权的决定，则被普遍认为是正确的方向，但从另一方面来看，云南、贵州的督抚要职、文武官员，其实早就被安插了吴系的人马。只怕表面上滇黔等地的控制权已收归中央，但实际上却都还是操纵在平西王府的黑手之中。

对台政策改剿为抚　双方谈判仍无交集

由于福建水师提督施琅前两次征台的行动，都因在海上遭遇风浪无功而返，使得清廷又重新思考对付郑氏集团的策略。在高层会议之后，中央政府决定对郑经改采招抚之策，并于去年（一六六六年）派员至台湾谈判。不过在今年六月，郑经方面便以书信正式回绝清廷剃发、登岸的要求。

康熙亲政　鳌拜掌权　辅臣苏克萨哈遭斗死

在六十七岁的首席辅政大臣索尼于六月二十六日病逝后不久，十四岁的康熙帝玄烨便仿顺治帝福临亲政之例，于七月三日举行亲政大典并诏告天下。在典礼结束之后，康熙帝至乾清门临朝听政，不过仍以辅政大臣进行佐理。在索尼死后，鳌拜势力日张，不但班行章奏皆列首位，还结党营私。七月十三日时，一向与鳌拜不和的辅臣苏克萨哈便上疏以皇上已然亲政为由，自请解除辅臣之位。政治评论家认为，已经被鳌拜逼到绝处的

跟我作对！找死……

不！

康熙亲政后不但未能掌握实权，还无法阻止鳌拜矫旨横行，只能眼睁睁地看着四大辅臣之一的苏克萨哈被鳌拜给活活斗死

苏克萨哈，此举无异于绝命逆袭，以自己的下台，逼迫鳌拜、遏必隆也不得不仿效辞任，交出手中的军国大权。不过鳌拜毕竟是个狠角色，一见苗头不对便先发制人，找出苏克萨哈疏中"往守先皇帝陵寝……如线余息，得以生全"等字句，第二天便称旨以"不识有何逼迫之处，在此何以不得生，守陵何以得生"的理由，命议政王大臣将苏克萨哈论罪议处。随后，在鳌拜的强力主导下，罗织了"不愿归政""怨望""存蓄异心"等二十四项罪名，奏请皇帝将苏克萨哈诛族。玄烨知道这又是鳌拜铲除异己的手段，坚持不允所奏，但鳌拜竟然不顾君臣之礼，一连数日攘臂向前，一副要把玄烨活剥生吃的模样，以极不客气的态度怒吼着，坚持要把苏克萨哈处以极刑。最后不但身为辅臣的苏克萨哈未逃绞刑的命运，连家族中人也一并遭到诛灭。

黄河决堤　水漫江苏

今夏黄河水涨又造成严重灾情，位于桃源的河堤多处决口，溃堤长度达三百多丈，使得沿河的三十余县都饱受水患之苦。其中高邮的水深竟有二丈，已造成数万人淹死。而四处漫溢的黄河水，甚至阻遏了淮河水道，以致连带淮水也无法顺利排入海中。不但高邮、宝应等地目前已成泽国，连漕运也严重受阻，各地灾损情形严重。

年度热搜榜

—— 尊严与隐忍　康熙陷于两难 ——

由于索尼已死，苏克萨哈又被杀，在仅存的二位辅政大臣中，遏必隆又生性怯懦，使得鳌拜得以独操权柄，文武各官皆出于其门下。其亲弟都统穆里玛、其侄侍卫塞本得和讷莫、内秘书院大学士班布尔善、吏部尚书阿思哈、兵部尚书噶褚哈、工部尚书马尔赛、吏部右侍郎泰璧图、兵部右侍郎迈音达、内秘书院学士吴格赛、内国史院学士布达礼等皆其党羽。凡是军国要事，鳌拜都与心腹大臣先在家中议定，然后才奏请施行，完全不把已经亲政的皇帝放在眼里。甚至，大臣只要稍有违背其意，鳌拜必当着皇帝面施威呵斥。学者认为，鳌拜操生杀之柄、任意屠戮大臣的做法，已经严重威胁皇权。虽然康熙帝玄烨已在去年亲政，但朝中所有大臣、皇帝的禁军侍卫，都是鳌拜党人。看来玄烨想要拿回属于自己的权力，只怕不是那么简单的事，因为只要一个不小心，可能会给鳌拜一个发动政变的借口，废掉皇帝而自立。但若迟迟不处理，情形恐怕只会日益恶化，皇帝永远只能当个傀儡。陷于两难的玄烨，其承受的压力，可能不是同龄的青少年所能想象的吧。

康熙现在正承受着巨大的压力

北逆书案宣布侦结　名士顾炎武判定无罪

甫在去年（一六六七年）政府才因江南逆书一案，大力训诫各方不许擅行诬告，但此类案件却仍然层出不穷，甚至连名士顾炎武都被卷入其中。年初时，翰林院（职掌修史编书、文辞翰墨、皇室侍讲的核心官员储备所）官员姜元衡，就检举名士顾炎武，说他将之前署名陈济生所作之逆书《忠节录》重新搜辑刊印，而内容多有逆文。顾炎武在收到司法部门的传票之后，于二月时至山东投案，经质对调查，最后证明此本所谓的逆书，根本就是先前"南逆书案"中沈天甫等人所伪作的同一版本，只不过稍加改装而成。原告姜元衡经侦讯后，坦承是因山东人氏谢长吉与顾炎武有房产上的纠纷，所以用钱唆使姜元衡自导自演了这部戏来诬陷顾炎武。于是顾炎武被判无罪，姜元衡害人不成，反被援南逆书案之例，以诬陷他人之重罪判刑。

叩阍永行禁止 官员严禁请托

大清政府日前宣布：原本在京城东西长安门外设有石碑，专供受冤之民申告的"叩阍"惯例，因近来屡有无赖之徒，捏造事端，肆意诬告，在地方恣行挟诈扰害良民，辜负朝廷恤民之心，利用叩阍生事，故三月二十三日开始，永行停止。同时，清廷也特别传谕，严禁在京官员遣人往外省官员处，借口问候而有索取财物、挟持请托的行为。并要求各地官员，如有无赖之民假持官员合照（证明文件），或私刻之印信，投见地方官以从事诈欺诡骗者，皆必须当场逮捕并从重治罪，以杜绝官场歪风。

老爷，京城王大人家里的总管到我们府里来拜访了，要我去准备一些茶点吗？

对对对……更重要的是叫出纳把贿赂的红包给准备好，不好好打点的话，明年就没官可当了。

清廷已下令严禁在京官员以问候为借口而从事向地方官私索财物、挟持请托的行为

施琅调京遭冷冻
清廷对台释善意

由于清廷对郑经的态度已转剿为抚，所以主张力取台湾的福建水师提督施琅，便于四月时上疏尽陈所见，极力表达其反对议和的立场。但施琅的建议交到相关部门讨论后，中央认为施琅两次进逼台湾都托词风雨无功而返，如今又主张以武力攻取台湾，其中颇有可疑之处，若施琅存有二心，则其所领之水师部队将归敌军所有。于是下令裁撤福建水师提督，将施琅调任为内大臣，改隶汉军镶黄旗，让他在京闲居冷冻，以便就近观察监视。而对台政策部分，则将原属福建水师的战船予以烧毁，以向郑氏传达不战而主招抚的善意。清廷只在海澄设总兵（军事指挥官）一员镇守，并将之前郑氏集团前来投诚的官兵都分配到外省之地给田开垦。

你把施大人怎么了……

上头不是说要把他冷冻起来吗？

施琅因两次攻台都失利，被清廷怀疑忠诚度而遭到冷冻

天灾酿祸

今年六月，莒县、郯城一带发生大地震，传出沂水出现直径达数丈的超大地洞的灾情，而各处人民的伤亡情形亦十分惨重，仅郯城马头镇内的死伤便高达数千人。由于此次强震所成之灾波及数省，破坏的状况前所未有，中央已命户部详议，速往各灾区分别蠲赈。祸不单行的是，七月二十五日江南的镇江、丹徒也发生地震，城内被震裂的墙屋可说是无以计数，许多灾民流离失所。到了八月底，顺天府辖下的数十个州县又传出水灾，造成许多的房屋倒塌。一连串的天灾，已令中央政府感到头痛不已。

年度热搜榜

官方历法错误百出　传教士重回钦天监

在一六六五年汤若望、南怀仁等传教士因杨光先的劾奏而离开钦天监之后，推算历法的工作就由一批不是很懂天文星象的官员负责。虽然汤若望于隔年即因病辞世，但南怀仁等人仍旧禀其遗志，继续留在中国。去年（一六六八年）底，南怀仁便上疏指出钦天监副（中级官员）吴明烜所推算的历法有种种错误，包括将明年的元月推算成今年的闰十二月，另外还有一年之中出现两次春分、两次秋分等种种情形的误差。康熙帝玄烨览奏后，命议政王大臣会议讨论此事，但因历法属专门学科，与会的政府高层难以判定是非，所以又命图海等二十

"彗星撞地球" "2012" "世界末日" "地球毁灭"……说，你这些资料是怎么推算出来的……

禀皇上……其实都是从电影上看来的啦……

不具专业水平的钦天监官员因在历法推算上的种种错误而遭到革职，由之前被迫下台的外国传教士南怀仁接下推算历法的任务

名官员，会同南怀仁、吴明烜等，于今年元月一同前往观象台测验。结果立春、雨水、太阴、火星、木星等项，与南怀仁所指完全符合，吴明烜所称则全盘皆误。于是康熙便下令将钦天监监正杨光先革职，并将康熙九年（一六七〇年）的历法交由南怀仁负责推算。

鳌拜卧床私藏利刃　玄烨探视不敢吭声

由于康熙帝玄烨与辅政大臣鳌拜之间的矛盾越来越表面化，让目前在实际权力上仍占绝对优势的鳌拜有了一些小动作。五月初，鳌拜便以生病不适为由拒绝上朝，并请玄烨到家中去探视他。只是当玄烨进入其卧室之后，皇帝的贴身侍卫便发觉鳌拜神色有异，立刻一个箭步冲到鳌拜床前，将席子掀开，赫然发现藏着一把利刃。当时房间内外满是鳌拜的手下，而其本人又以武艺超群著称，当侍卫准备拔刀擒下鳌拜之时，玄烨但见鳌拜气定神闲，似乎早有准备，于是便喝令侍卫退下，不以为意地表示"刀不离身乃满洲习俗，没什么好大惊小怪的"，然后若无其事地慰问鳌拜，成功地化解了一场危机。

一般认为，就现实方面来看，这整起事件极有可能是鳌拜所设下的圈套，用以试探玄烨内心真实的反应。倘若玄烨当场便要侍卫拿下鳌拜，那表示其对辅臣擅权的不满之心早已积蓄多时，则鳌拜必定痛下杀手发动流血政变，以免日后惨遭清算。资深政治评论家指出，从这次玄烨也不敢吭一声的反应来看，除非他有着过人的智慧及坚毅，懂得暂时隐忍并暗中谋求于适当时机反击，否则鳌拜将可以继续高枕无忧地以辅政大臣的身份，仍然将康熙帝的权力架空并当成傀儡一直操弄下去。

惊天一搏天地逆转　少年天子了得　康熙智擒鳌拜

根据清廷高层传出的最新消息，权倾一时、把天子踩在脚底下的权臣鳌拜，在日前入宫面圣时，已经意外遭到康熙帝下令当场逮捕，同阵营的党羽也立即遭到皇帝的亲军侍卫压制拿问。这场皇帝与权臣之间的政治角力一瞬间完全逆转，由一路居于劣势的玄烨取得完全胜利。据记者深入了解，年仅十几岁的玄烨虽然对鳌拜的行为早已无法忍受，不过在之前鳌拜藏刀的事件中，却没有鲁莽行事，反倒是表现出了超龄的智慧及反应并化解了危机，在回到宫中之后，才立即采取行动反制。玄烨以下棋为名，召见刚自请解除吏部侍郎职位、回任一等侍卫的索额图（前辅政大臣索尼之子），密与之讨论应变之策。根据索额图事后转述，因顾虑鳌拜势大难以制伏，康熙帝认为若直接下令司法部门拿问，恐怕将激生事端。于是便召集了侍卫中一批年少有力的亲信，让他们在宫中练习布库（摔跤），即使大臣入宫奏事时也不叫他们回避。时间久了，鳌拜也习以为常，认为玄烨的个性懦弱且好嬉贪玩，即使遇到上次的冲突事件也不敢正视面对，只是成天沉迷在与侍卫们玩布库的游乐之中，于是便渐渐对玄烨没了戒心。五月十六日当天，正好是鳌拜预定入宫晋见之日，在鳌拜来之前，玄烨就先召集了这批年轻侍卫进宫，与他们谈感情，问说："你们都是我最亲近的人，但是你们到底是畏惧我还是畏惧鳌拜？"小伙子们对于皇帝这般的真心对待，一时都热血沸腾，齐声回答说："我们当然只畏惧皇上。"玄烨接着便细数鳌拜诸多可恶之处，激起侍卫们同仇敌忾之心，然后要他们等鳌拜入见时奋力擒之，必有重赏。于是当鳌拜只身入宫时，便被一拥而上的侍卫们牢牢抓住并擒捕于地。事成之后，玄烨立刻下令亲军侍卫擒捕鳌拜党羽，连同从来没替皇帝讲过半句话的遏必隆都一并拿问，并革去其太师及公爵头衔。诸臣见鳌拜倒台，立刻都变成支持皇帝的一方，于二十八日议政王大臣会议上，将鳌拜以重罪三十款定论，议将其处以革职立斩、亲子兄弟亦俱斩、家产籍没之刑。后来康熙帝裁示，以鳌拜效力年久，仅处以革职、籍没家产、拘禁的处分。随后又重惩其同党，但对于曾经行贿鳌拜的诸位官员，则予宽宥以维持政局的稳定，并表示将为那些曾受鳌拜打击的大臣平反。

康熙特训的布库少年出其不意地制伏鳌拜

圈地弊政　永行禁止

康熙
智擒鳌拜

永禁圈地
各界支持率攀升

　　在铲除了心腹之患鳌拜之后，康熙帝玄烨于六月，下令将已经延续了二十多年，不知造成多少百姓衣食无资、流离困苦的圈地恶政，永行禁止，并规定如果是今年刚刚圈的地，必须全数归还民间。此项诏令，已谕户部立刻实行，务使人民今后能在自己的土地上，安安稳稳地从事耕作，不必再担心哪一天田产突然被圈走，努力了一辈子的成果瞬间化成泡影。康熙此项政策，已经获得民间及学界的一致好评，施政满意度快速攀升。

皇帝行猎巡历　严禁私派扰民

　　十月时，康熙帝玄烨赴南苑行围猎鹿，但却听闻竟有地方官员以皇帝御用为名，对民间强征人力、物资及银两，其实却是贪肥入己，中饱私囊，于是便下谕警告所有官员，说巡历途中所有的物资，除了一小部分政府部门所拨马匹需要草料外，其他根本都是由京城负责提供，不需再向地方或民间加派。以后如果再有以此为借口，私派民间，苦累小民者，一律由司法部门严加重惩。如果有官员知悉却不上报检举者，事发后亦将一并治罪。

年度热搜榜

【康熙九年】公元一六七〇年

废而复设　内三院再成内阁　满汉品级归一致

由于之前鳌拜等守旧派辅臣专政时，对于汉人受到重用，而几乎与满人平起平坐的情形感到十分不满，尤其对一六五八年顺治帝福临将满汉官员的品级划一，又学汉人的制度把内三院（内国史院、内秘书院、内弘文院）改称内阁，并增设翰林院的措施，更是不能接受，于是就硬是把这些恢复成旧制，同时造成大量汉籍官员心中多有不满。现在，鳌拜垮台了，康熙帝玄烨决定再一次将满汉官员的品级划一，不准再有虽然是占同样的职缺，但品级却不相同的不公平状况出现。同时也将内三院再度改为内阁，并重设翰林院，让整个政府的运作可以更加顺畅。

监禁多年　传教士终得平反

之前因一六六五年的历狱事件而被押往广州的二十五名传教士，因汤若望等人的罪名已被平反，终于重获自由。在中央政府的命令下，已经将这一批传教士解送回京，其中有天文历法专长者仍继续留京供职，其余的传教士则获准可往其他省份传教。

因历狱事件被拘禁在广州多年的传教士终于获得平反

平西王吴三桂不但手握重兵、税金不必上缴，还自铸"西钱"流通，俨然已经成为一独立王国

吴三桂兵强马壮　俨然一独立王国

　　虽然在一六六七年清廷已经正式收回了吴三桂的"西选"之权，但其实他的亲信党羽早就已经分置在滇黔的各军政要位上。加上吴三桂自引清兵入关以来，多年征战，四方精兵多归其部，实力已不容忽视。据统计，平西王手下所领的本部兵马共有五十三佐领，计甲兵一万余人，又有绿旗兵十营一万二千人，另加四镇丁口十万。同时他又自铸"西钱"流通，不但垄断辖内盐井金铜矿山之利，还与西藏、蒙古互市，每年买进数千匹战马，俨然已成为一独立王国。若再加上平南王尚可喜、靖南王耿继茂各有八旗汉军十五佐领、绿旗六千余人的实力，三藩的力量，已对大清王朝的稳定造成了极其严重的威胁。

靖南王耿继茂去世　长子袭爵续镇福建

为清廷立下许多功劳的靖南王耿继茂，年初时因病情日剧，便在皇帝的许可下，将军务全部交由长子耿精忠掌理。五月时，已经将一切安排妥当的耿继茂去世，而清廷仍以耿精忠袭其靖南王的爵位，并命其继续镇守福建。

中央大刀阔斧祭改革　大计惩处九百零八官

大清政府这次大刀阔斧汰除不适任官员的行动，已获得各界普遍的赞赏

康熙帝玄烨在真正地掌权后，便不断地注意各项施政问题，同时致力于吏治的澄清。资深分析师认为，玄烨虽然年纪尚轻，但行事作风却有远大的格局、全方位的思考以及缜密的计划。今年，玄烨就趁着元月"大计"的机会，一口气将九百零八个不适任的官员，分别给予降调革职的处分。其中被评为"贪酷"的官员有十人、"贪"者一百一十九人、"酷"者四人，皆革职拿问。

"疲软"（庸懦无能）者八十五人、"不谨"（行为不检）者一百二十一人，俱革职。"年老"者二百三十五人、"有疾"者一百三十八人，则是被勒令退休。"才力不及"者一百四十人，降两级调用。"浮躁"者五十六人，降一级调用。中央政府此番汰除不适任官员的行动，已经获得社会大众普遍的赞赏，这将有助于整体施政满意度的提升。

康熙东巡祭祖　谕令严防沙俄

今年九月，康熙以寰宇一统之故前往奉天告祭太祖太宗山陵。圣驾一行于十九日行至盛京，在先后谒福陵（努尔哈赤陵墓）、昭陵（皇太极陵墓）之后，于二十三日赐宴盛京将军以

康熙皇帝在东巡祭祖时，还特别叫来八十岁以上的耆老欢聚畅饮

下的文武官员，同时召当地八十岁以上的耆老同来欢聚畅饮。另外，又分赐银两诏赏那些伤老病退的士卒及现役官兵，还发了二万两白银给宁古塔的兵丁作为奖励。而皇帝带来的红包其实还远不止于此，康熙不但豁免了山海关至奉天府所属地方两年的正项钱粮，又下令大赦奉天、宁古塔地区犯人，将其中除了犯十恶死罪者外，其余已结或未结之死罪均减等，军流徒杖等罪则尽皆宽免。不过在大撒红包的同时，康熙仍然没有忘记边防军务的重要，尤其是对于近年来沙俄屡犯边境一事更是十分在意，还特别谕令宁古塔将军巴海，应时时加紧操练兵马，整备军需器械，严加防范沙俄恶寇的入侵。而皇帝一行人在观看完来朝之蒙古王及诸贝勒等的射箭演练后，已于十一月三日返抵京师。

8:00　100%

逃人又犯窃盗抢劫者 两罪中择一重者论之

清军入关后，许多汉人在被俘或投充的情况下，成了八旗底下的家奴而日夜饱受凌虐，最后终于因不堪忍受痛苦而逃亡。其中有许多的逃人因生活无以为继，犯下窃盗、抢劫等罪行，使得社会治安受到严重的影响。而遭到拘捕者，却常常因为两罪并罚的刑责过重而死亡。于是康熙帝玄烨在都察院左都御史多诺的上疏建议之下，同意更定"逃人治罪条例"。规定今后凡是逃人又犯有窃盗、抢夺之罪者，应按"刑律"之中"两罪俱发以重者论之"的规定，只从一科断。依"逃人法"的规定，前两次被缉获的逃人，必须接受鞭一百的责罚。所以从今日起，凡是窃盗抢劫部分也是应该鞭责一百下的，由刑部执行，鞭完之后枷号，并在臂膊刺字，转送兵部督捕衙门之后，便不再鞭打，只在面上刺字。但如果窃盗部分的刑责低于鞭一百者，则刑部不执行刑罚，只在臂膊上刺字，然后送交督捕衙门鞭责一百，并于面上刺字。

道士求赐观号　遭到康熙拒绝

今年二月，康熙帝玄烨陪祖母太皇太后前往赤城泡温泉时，发现有一道士跪在路旁，原本还以为他是受了什么天大的冤屈，才会冒着惊扰圣驾的风险前来告御状。结果，此道士开口先拍了一顿马屁之后，便接着说："臣庙在金阁山，离此三十里，名灵真观。今遭逢圣主，请另赐名号，以为光宠。"才知道原来是来帮自己的道观求取御赐名号的。于是玄烨便对左右近臣说："此道士妄干侥幸，求赐名号，为的是要蛊惑愚民，借着我的名义招摇敛财。以后凡有这种求赐观庙名号的情形，一概不准。这种行为本应处治，此次姑从宽宥，以后若再敢妄行，决不饶恕。"于是便把这道人给打发走了。这件事也成了此次温泉之旅的小插曲，接着康熙帝又叫来地方官员询问百姓的生活状况。圣驾一行于三月底返抵京城。

清廷只抚不剿 郑氏恢复活动

据记者所传回的消息，自从一六六八年清廷将力主攻台的施琅内调京城担任内大臣，同时尽撤水师，并将对台政策改剿为抚之后，原本已从金、厦被彻底扫除的郑经势力，又开始有逐渐恢复的迹象，不但在去年（一六七一年）八月间再度进占沿海岛屿，今年六月间更是派人到福建进行秘密活动，带着印信、书札暗中与党附者联络。虽然后来因为消息走漏，相关涉案人员都遭到大清政府查获问斩，但分析师也提出警告，认为这起事件虽然结案，但并不代表郑氏在福建一带的活动会就此告终。如果清廷再不能提出有效的政策，或加强水师在海面上之巡缉能力的话，那往后郑军骚扰、潜入的事件，只怕会层出不穷。

清廷对台的政策改剿为抚之后，郑氏集团在福建的活动又有死灰复燃的迹象

年度热搜榜

[康熙十二年] 公元一六七三年

平南王尚可喜长子尚之信在接管了父亲的兵马之后，立刻露出卑劣残暴的真面目

不堪长子凌虐　尚可喜请归老辽东
正谋削减三王　清政府令撤平南藩

　　年事已高的平南王尚可喜在一六七一年底因患病不适，所以让长子尚之信回广东暂管军务。但这可能是尚可喜这辈子所做过的最后悔的一个决定，因为尚之信接管了所有的兵马、事业之后，就露出了骄横残暴的个性，不但苛待部属人民，连自己的老爸也不放过。反受其制的尚可喜悔不当初，痛恨自己为什么在一百三十几个子女当中，偏偏要把位子交给这背信逆父的家伙。后来在幕僚的建议之下，尚可喜便上疏请求归老辽东，让他只带着两佐领的甲兵及藩下闲丁，并家口四千三百九十四家二万四千三百七十五人迁移辽东，借此脱离仍留成广东的尚之信。而与此同时，正因三王势力日益壮大，而苦思解套之法的大清中央，在收到尚可喜的请求后，认为刚好可借此削除三藩潜在的危机，于是便在三月二十七日准允尚可喜归老辽东之请。但又认为如果尚之信仍留广东，将造成其藩下官兵父子兄弟宗族分散两地之情形，所以同时又命平南藩下十五佐领及家属兵丁都应一并迁移，只留藩下左右两镇六千名的绿旗官兵拨交广东提督管辖。

耿精忠吴三桂跟进　康熙下令再撤二藩

平西王吴三桂、靖南王耿精忠见尚可喜疏请撤藩获准后，都被这突如其来的变化给吓了一跳，为了避免落人口实，于是也只好先后跟进上疏奏请撤藩。其中耿精忠的奏疏先至，因为影响面不大，所以清廷很快就在七月二十八日降旨，撤去靖南王藩下十五佐领官兵，并同时迁移所有家口。随后，平西王吴三桂自请撤藩的奏疏亦到京，但因云南、贵州尽在其控制之下，事关重大，所以在议政王大臣会议中，还为此进行了一番激辩。其中兵部尚书明珠、户部尚书米思翰、刑部尚书莫洛等一派，认为应借此机会削去吴三桂的势力以绝后患，所以主张将平西王及其所属官兵家口均迁移至山海关外安插，云南边防则另派满洲官兵戍守。大学士图海等另一派，则认为吴三桂并非真心自请撤藩，此举只在试探朝廷之态度，若准其所请的话则吴三

原本以为康熙会降旨慰留的吴三桂，没想到撤藩之请竟然获准

桂必反，所以应当仍令平西王镇守云南，以安其心。最后康熙帝玄烨裁示说："吴三桂等蓄谋已久，今若不及早除之，等到他坐大成为祸患就难以善后了。更何况其势已成，撤亦反，不撤亦反，不如先发制人。况且其子额驸（皇太极十四女之夫婿）吴应熊尚在京师，吴三桂也或许有不反之可能。"于是在八月二十四日，正式下达了要平西王吴三桂撤藩的谕令。

耿精忠密谋反清　暗勾结郑经势力

根据记者独家取得的资料，靖南王耿精忠在得知清廷竟毫不慰留地准其撤藩之请后，已经决定发动军事叛变。但因恐附近诸州县不服其决定，而演变成势单力孤的绝境，于是耿精忠便派遣密使前往台湾与郑经商议，开出以漳、泉二府之地为谢礼的条件，邀请郑经以舟师由海上出击江南，而他自己则亲统大军向浙江进发。目前台湾方面似乎已经接受了这样的提议，郑经已经亲领为数可观的舰队及水师兵力，前进到澎湖一带准备接应耿精忠的行动。不过，靖南王府面对记者的求证，已经严正地驳斥了此一说法。而大清中央政府在尚未知晓耿精忠的叛变行动之际，是否能做

靖南王耿精忠在接获撤藩通知后，竟暗中与郑经联络密谋叛变

出正确的布局及安排，将是接下来值得观察的重点。

政府再宽逃人法

由于每年逃人的数目都有数千人之多，衍生了许多的社会问题，所以在兵部督捕衙门奏议下，中央政府下令放宽部分的逃人规定。其中若逃人在外娶妻所生之女已经聘嫁者，则不许拆散，亦不必向其夫家追讨银两予逃人之主。又逃人年纪在十五岁以下者，亦免去逃三次即予以处死之刑罚。

吴三桂称周王叛清　朱国治遭开膛惨死

平西王吴三桂在十二月一日，终于与清廷摊牌，正式宣布举兵叛清。其实一开始吴三桂还很有自信地断定中央应该会对其自请撤藩之议予以慰留，但没想到收到诏书时，却是准其撤藩的无情打击。于是吴三桂便佯称将于十一月二十四日开始撤藩，私底下却与所部吴应麒等人密谋，私铸印信、禁遏邮传，所有人马、信息只许入不许出，并找来滇黔两省的要员前来议定反清之事。其中云南提督张国柱、贵州提督李本深等同意共同举事。但之前因"哭庙""奏销"两案得罪江南人士而闪人，被革江宁巡抚职后又复为云南巡抚的朱国治，以及云南按察使李兴元、云南知府（地方行政长官）高显辰等却严拒

不从。其中朱国治不但拒绝同流叛清还回嘴骂得最凶，于是吴三桂便将其开膛破肚，然后把尸体尽分给士兵为食，以作为警告。当一切准备妥当之后，吴三桂便召开记者会，自称"天下都招讨兵马大元帅"，国号"周"，并以明年为昭武元年，铸"利用通宝"钱，自立门户。下令部属皆蓄发易服，改旗帜为白色，步骑兵士都以白毡为帽。同时传檄四方及平南、靖南二藩，以及旧部亲信，号召天下之士共举叛清大旗。随后吴三桂亲统二十万兵马闪电抵贵州，贵州巡抚曹申吉不战而降，云贵总督甘文焜则在力拼不敌后自缢身亡。

吴三桂宣布蓄发易服，以周为国号，正式举兵叛清

今天起，我们改留长发、换戴白帽，正式与清廷对抗了！

哇！老板的头发一夜之间就长回来了……

嘻……那是假发吧。

你戴错了。

不是换白色的帽子吗？

京师传出假冒前明朱三太子名义的武装叛变事件之后，清廷立刻派兵强力镇压

假货三太子欲起事　京师八旗兵强镇压

　　天子所在的京师日前竟传出前明朱三太子欲举兵谋反的事件，清廷在接获密报之后，已迅速派兵将可疑人犯都逮捕处死，但主犯目前仍在逃。其实，民间反清团体已多次借用明崇祯帝三太子朱慈炯的名号举事，此次也不例外，经过调查之后，主要策划者根本不是什么太子，而是一个名叫杨起隆的反清人士。原本杨起隆等人已经在京师号召了为数不少的反政府人士，并约定以举火为号，相约起事。但当其徒弟陈益约了二三十人，聚在其家主周公直家中准备时，被周公直发现，于是周公直立刻到都统祖永烈处予以告发。清廷闻讯之后，马上派兵部尚书（高级官员）明珠，都统图海、祖永烈等率兵围捕陈益等人，并广为搜查。最后被缉获并处死者多达二百零三人，而主犯杨起隆则是趁机脱逃。

康熙调动大军　与吴正面对决

在得知吴三桂举兵叛变的消息后，清廷上下为之震惊，大学士索额图等更认为都是因为撤藩才激起剧变，所以奏请诛杀当初主撤之人，以便安抚吴三桂。但是康熙帝玄烨却说："撤藩本出自朕意，与他人何罪？"认为事情已发展至此，再也无法避免，决定直接面对此一挑战。于是立刻下令整饬八旗军旅，于十二月二十一日，命前锋统领硕岱由京城八旗中，每佐领辖下抽调前锋一名组成任务部队，先行兼程赶往荆州，并进据常德以遏阻吴兵之势。次日，又下诏停撤平南、靖南二藩，以免横生枝节。同时命孙延龄为广西将军、线国安为都统固守广西，西安将军瓦尔喀则兵进四川，坚守入川之险隘。二十四日，任命多罗顺承郡王（第二等爵位）勒尔锦为宁南靖寇大将军，调八旗满洲、蒙古每佐领前锋一名、护军七名、骁骑十名，汉军每佐领骁骑五名，组成征讨大军前赴荆州，以掐住吴三桂北上之咽喉。随后，谕令诸位议政王大臣："大军远征楚蜀，若援兵自京城出发，恐怕一时之间难以到达，就算到了也已经士马疲劳。所以应当以兖州、太原等地的驻防部队，就近发兵驻防、秣马以待，一闻警讯便可即时策应。"然后拘禁吴三桂之子吴应熊，削去吴三桂平西王的爵位，准备与其正面对决。

康熙下令拘禁吴三桂长子，并调动大军准备与吴三桂展开正面对决

清军受命陆续出发
边境驼马交易免税

年初，当家家户户还在过年的时候，康熙帝玄烨便已令安西将军都统赫业率师赶赴四川。出发前康熙帝还特别交代沿途务必秋毫无犯，严禁侵扰百姓。不久，又命顺义、沧州等十处驻防的满兵往德州集中，由镇南将军都统尼雅翰率领往兖州与副都统马哈达军会合。然后再分兵为三，留副都统根特巴图鲁驻兖州，尼雅翰进安庆，马哈达则到安庆后再转江宁协防。又因战事需用驼马，所以谕令户部凡蒙古驼马进张家口、杀虎口贸易者，自今日起至九月，准予免课其税。

吴三桂军兵锋难挡
西南半壁情势危急

去年（一六七三年）底，吴三桂派兵进入贵州之后，便以贵州提督李本深为贵州总管大将军留驻该地，然后继续向东推进，随后大军攻陷沅州，清军总兵崔世禄兵败被俘。今年，吴军兵锋仍然是锐不可当，两军未战，便吓得偏沅巡抚卢震弃长沙而走。清廷只好急调都统朱满的部队赴武昌于岳州以北补防，并命其将卢震逮捕处死。不久，又传出四川巡抚罗森、提督郑蛟麟及总兵谭弘、吴之茂等将领陆续降吴，以及常德、澧州、衡州、岳州等地相继陷落的消息。另外，广西将军孙延龄也自称"安远大将军"起兵而反，据阳朔、陷平乐，使得整个战况对清廷十分不利。除了平西王原本就据有的云南、贵州外，陕西、湖南、湖北、广西等地的情势都已是岌岌可危。同时，吴三桂又与西藏通商，以茶易马，并煽动云贵少数民族出兵助战，声势可说是如日中天。

吴三桂又打出了全垒打！！

清军各处部队续到位　建置军情快速传递网

康熙设置军情传递网络，便于在与吴三桂的战争中抢占先机

　　鉴于对战情势日趋险峻，清廷又于不久前进行了新一波的军力调拨，以防止吴军的杀伤范围继续扩大。首先是以都统席卜臣为镇西将军力守西安，以接应入川的大军。然后命原来驻防在西安的副都统（梅勒章京，旗副指挥官）扩尔坤、吴国桢转赴汉中协防。不久，又令已至安庆之都统尼雅翰转往武昌、长沙，仅留下一部分兵力驻守原地。二月底的时候，命武英殿大学士刑部尚书管兵部尚书事兼都察院右副都御史莫洛经略陕西，驻军西安，会同当地的将军、总督主持军务，以阻截吴军进窥西北之路，并要求当地巡抚、提督以下的官员都听其节制。同时，由于吴三桂兵团已经进犯江西，所以又让留驻兖州之副都统根特率军前往南昌，驻江宁之副都统马哈达则移驻安庆以为防堵。另外，为了能迅速传递军情及指令，特别命诸路用兵处每四百里设笔帖式（低级官员）、拨什库（低级官员）一名以驰奏军情。规划中，自京城至荆州设七个笔帖式，自郑州至武昌设三个，自真定至汉中设十个，自京城至南昌则有十一个。一般认为，此一系统于近日内建置完成之后，军情奏报的速度一日夜将可达千余里，有助于中央政府对各地战况的快速掌握，使得各地的军力更能有效运用。

────── 靖南王耿精忠叛变　东南之地宣告沦陷 ──────

就在三月初清军奋力击退水陆进犯彝陵的一万多名吴军，并迫使其败退宜都之后不久，就又传出襄阳、郧阳的清军叛变的消息。但更让清廷头痛的是，在福建一带拥有重兵的靖南王耿精忠，竟也于三月十五日自称"总统兵马大将军"起兵反清。耿精忠在拘禁了不愿投降的福建总督范承谟后，移檄各县蓄发易服，又铸"裕民通宝"钱，控制了福建全境。同时分兵三路北进，以总兵曾养性出

东路，进据浙江之温州、台州、处州，以总兵白显忠出西路，据江西之广信、建昌、饶州，以都统马九玉出中路，据浙江之金华、衢州。然后遣使至云南约吴三桂攻江西江南、约潮州总兵刘进忠扰广东，又开出赠予全闽沿海战舰之优厚条件，复请郑经出兵会师。如此，使得清廷不仅西南部告急，连东南部也陷入叛军割据的局面。

清军分堵两王　三桂之子遭绞

由于各地烽火继起，清廷不得不加紧补强各地的防线，并一一击退来犯之叛军。三月底，先调驻守南昌的副都统根特率部前往截击进犯江西的吴军。同时增兵襄阳，又令平南王尚可喜与两广总督金光祖固守两广。在都统鄂㻞击败由宜都分乘三百余艘船进犯彝陵的吴军后，又

爸……为什么我们要来这么冷的地方？

哎……没办法，都是你爷爷痴呆症发作。

吴三桂长子及孙被清廷下令绞死

令都统喇哈达为镇东将军，由京城八旗的满洲、蒙古兵中，每佐领抽调骁骑一名，会同二千蒙古兵进驻兖州，以补移防江西之兖州军缺口。四月时，因收到耿精忠进兵浙江的消息，又命副都统胡图、马哈达率所部自江宁增防杭州，命安南将军华善也分兵一路赴杭，并全拨归平南将军都统赖塔指挥。接着，再命驻守怀庆之内大臣阿密达为扬威将军，率领由八旗每佐领抽骁骑二名，以及京城包衣佐领（隶属于皇室贵族的家奴总管）兵一千，并原驻安庆的部分官兵一同增防江宁。至于被北京拘禁的吴三桂之子吴应熊、孙吴世霖，则已于四月十三日被处以绞刑，其余幼孙则都被发配为奴，而许多连坐者也都被予以正法。

清军多路部署　进军各地平叛

据记者独家取得的资料，依清廷目前的战略规划，宁南靖寇大将军多罗顺承郡王勒尔锦等大军，将由澧州进攻云南、贵州。镇南将军都统尼雅翰等，则由武昌进取岳州、长沙之后，再直接进入广西。都统伊里布、都统范达礼等所率领的部队，则分别驻守在彝陵、郧襄。安西将军都统赫业及西安将军瓦尔喀等部，则取道汉中进图四川。副都统吴国桢等驻汉中，镇西将军都统席卜臣等守西安，尚书莫洛则经略陕西地区的大军居中调度。镇东将军都统喇哈达等驻山东、河南、江南要地。安南将军华善等同镇海将军驻京口。扬威将军内大臣阿密达同江宁将军额楚等守江宁、安庆等沿江险要。平南将军都统赖塔由浙江进兵福建。浙江将军图喇驻杭州兼防海疆。定南将军希尔根等由江西进兵福建。平寇将军副都统根特赴广东，会平南王尚可喜一同进兵。

耿郑翻脸
互夺地盘

原本耿精忠起兵叛清时，曾修书商请郑经率水师渡海助攻。只不过当郑经的部队抵达厦门之后，耿精忠见其兵力不满二千，舰船不过百只，便又背信毁诺不屑与之联合。耿精忠还通告沿海边界，要求寸板不准下海，禁绝与郑军之所有往来，并以轻蔑的口吻要郑经不必多作妄想。郑经遭此玩弄之后，心中甚是愤怒，便暗中与吴三桂联络，然后引兵攻陷同安，正式与耿精忠翻脸。但耿精忠的倒霉事还不止于此，七月时因平南王尚可喜出兵攻击潮州，耿精忠的部将刘进忠在无法抵抗又求助无门的情况之下，只好转而向郑经求援。于是郑经派遣舟师出兵援助，刘进忠因此归附到郑经麾下，潮州现在已为郑经所有。

耿先生，比萨送来了……

我忽然觉得你们的肉太少，不订了，你拿回去吧……别想跟我收钱。

PIZZA COLD

原本请郑经渡海助战的耿精忠，一见郑军兵少又起反悔之意，拒绝让郑氏的部队登上陆地

皇后难产而死　早朝停止五日

大清皇室于五月三日发布新闻稿，皇后赫舍里氏因难产，已于产下皇二子胤礽之后，逝于坤宁宫中。康熙帝玄烨因过于悲恸宣布停朝五日，以为悼念，之后并将其谥为仁孝皇后（后改孝诚仁皇后）。

清军四川岳州大捷
南怀仁奉命铸新炮

近来政府军频传捷报，先是安西将军赫业自汉中出兵，先破陕川边境的七盘关，再破四川朝天关并斩敌七千余名。随后清廷又命多罗贝勒（第三等爵位）尚善为安远靖寇大将军，率兵往攻岳州吴军，再以和硕康亲王杰书为奉命大将军、固山贝子（第四等爵位）傅拉塔为宁海将军平浙讨闽，以多罗贝勒董额为定西大将军，前往四川。七月，多罗贝勒察尼、镇南将军尼雅翰等部与敌吴应麒等七万大军战于岳州城下，大败敌军，歼灭一万余人。为了能提升作战力，康熙帝又命钦天监监正南怀仁于一年之内，铸造轻炮三百五十门以供清军使用。据说部分造好的大炮，已于日前在卢沟桥进行试射，由于命中率极高，玄烨还当场脱下身上所穿的貂裘赐给南怀仁作为奖励。

国家战乱军需吃紧
暂开捐例以补不足

由于各地战况紧急，各项军需钱粮都相当吃紧，清廷只好暂开捐例以补军饷之不足。其实之前政府就已开过捐助弓箭、鸟枪的例，其中尚可喜之子尚之信便因捐弓一千张、箭一万支，而加少傅兼太子太保之衔。而每捐助十杆鸟枪的官员也可被记录一次，五十杆则加一级。生员捐三十杆，闲散子弟捐四十杆，则准入国子监读书。若是富民捐四十杆鸟枪，便可以有九品顶戴荣身。而这次所开的捐例，则是以现任官员捐银二百两或米四百石者记录一次，银三百两或米六百石者记录两次，银四百两或米八百石者记录三次，银五百两或米一千石者则可以加一级，进士、举人等亦各依捐记录加级。富民捐银一百两或米二百石给匾示旌，银一百五十两或米三百石给九品顶戴，银二百五十两或米五百石给八品顶戴。除贪赃失城、侵盗作弊、为恶害民及三品以上官员革职者不准纳捐之外，依原官品级捐银八百两至一百五十两不等者，照原品给予顶戴。进士、举人被革去者，捐银一百五十两给九品顶戴，二百五十两给八品顶戴。

耶！又可以升官啰。

可以捐一点米给我吗？

是叫你们捐米给政府，不是政府捐给你们，真是的。

清廷为了应付庞大的军事开销，日前公布了捐助物资的奖励办法

江西广西势危

由于耿精忠、吴三桂辖下的军团都进犯江西，先后攻陷建昌、饶州、都昌等地，使得清廷不得不在战略部署上重新做出调整，令原本要进兵福建的部队先分兵进剿吉安、都昌。只是不久之后，便又因徽州、歙县、祁门等地亦接连失陷，而再令江宁驻军进援安徽，然后调兖州八旗军递补江宁，兖州的空缺则另由京城派出八旗兵士补充。到了九月中下旬，中央又以和硕简亲王喇布为扬威大将军，统率扬威将军阿密达的部队及江南八旗兵，驻守江宁以稳定江南地区，再以侍卫坤巴图鲁为振武将军，率京城八旗兵驻河南汝宁，以和硕安亲王岳乐为定远平寇大将军，率领部将南赴广东。不过此时因为广西提督马雄、左江总兵郭义先后叛于柳州，使得广西全境均落入吴三桂之手。十月时，吴军又兵分三路进入陕西，将宁羌团团围住，使其随时都有陷落的可能。于是清廷又立刻谕令经略陕西的莫洛火速进援宁羌，再让副都统塞格为京城八旗兵中，每佐领抽调骁骑三名组成后备军团进驻河南，以便策应各处。同时，又命湖广总督蔡毓荣率领绿旗兵往援岳州，目前整体的情势对清廷可说是倍显艰辛。

耿精忠前后受敌　各处战守失利

耿精忠前后分遭大清及郑经的军队痛击，情况甚是狼狈

福建境内耿精忠与郑经两股反清势力的交锋日趋白热化，耿军的二万步骑进攻泉州，在惠安与郑军对峙了十来天后爆发激战，结果郑军大胜，耿军落败后只好溃奔兴化。但败给郑经对耿精忠来说还不是唯一的打击，他在江西的万余人部队也被大清镇南将军尼雅翰所击败，南康得而复失，就连强攻金华的五万精锐部队，也被清军副都统马哈达所击败，被歼二万余人，目前可说是处处失利。

陕西王辅臣叛变　莫洛中流弹气绝
局势牵一发而动全身　清军急动员递进补防

就在各地军情吃紧的同时，随同莫洛大军进援宁羌的陕西提督王辅臣，竟于十二月初以马疲缺饷为由集兵鼓噪，率领所部进逼莫洛的统帅大营。虽然莫洛在第一时间便遣使加以安抚，但王辅臣似乎是早有预谋，不待调解便立刻对清军矢炮齐发。莫洛于仓皇之中虽然立刻亲上火线督战，却不幸被鸟枪流弹给击中而当场毙命，而其本部兵马也因此四散奔逃，许多来不及逃走的也全部弃械投降了。清军其

陕西提督王辅臣叛变，混战中清军统帅莫洛竟被流弹击中身亡

余部队突然见此大变，在没了统帅的情况下只好先行退守汉中。而王辅臣随后则是进据略阳，并发表了一篇向吴三桂宣誓效忠的声明。据闻，康熙帝玄烨在得知此讯后极为愤怒，一度想要御驾亲征，后来在大学士与议政大臣（高级官员）苦心进谏后才打消这个念头。于是便下令从河南、襄阳、荆州等处调兵增防以确保陕西。同时，又考虑到京城八旗禁军调发过多，已经造成京防空虚。为免有变，只好从盛京调兵一千至北京补防，再调乌喇兵七百至盛京，命宁古塔将军巴海抽派宁古塔兵协守乌喇。同时又调蒙古鄂尔多斯部、归化土默特部兵四千二百增防西安，谕兵部预派满洲、蒙古兵准备救援秦中一带。在京城八旗兵中每佐领抽调三人星夜驰援西安，让西安诸军除了酌量留守者外，其余部队立刻赴定西大将军董额军前，以接应广元、保宁前线的清军退回汉中。同时，又传谕驻守江宁之扬威将军阿密达，率领驻河南之八旗兵齐赴西安，云贵总督鄂善等则驻守兴安，与襄阳等处驻军互相策应，以固保汉中。镇南将军尼雅翰部则协守广东，牵制吴军孙延龄部的军队。整体布局可说是牵一发而动全身，丝毫不能轻忽。

年度热搜榜

【康熙十四年】公元一六七五年

新年快乐！

耿精忠新春送红包 与郑经达成大和解

原本轻视郑经兵力的耿精忠，见其已据漳州、泉州、潮州三府，兵马强盛，且数度与之交战皆获败绩，便以贺年为由，派员向郑经问候，并赠予大战船五艘与其达成和解。约定双方以枫亭为界，彼此通商贸易，有事则相互支援。

⋯⋯⋯⋯ 见京城八旗尽空　布尔尼蒙古竟反 ⋯⋯⋯⋯

在叛将王辅臣于二月攻陷兰州后才一个月光景，蒙古察哈尔部布尔尼也举兵反清。据可靠消息，布尔尼之所以会在此时发动武装叛变，最主要是因为之前其属下入京时，发现镇守京师的八旗兵多已调往他处协防，北京兵力呈现空虚的状态，连城门的守卫都是一些青少年在负责。于是觉得有机可乘的布尔尼，便谋劫其父而起兵反叛，同时又煽动奈曼等部一同行动，暗中悄悄逼近张家口。不过此一举动被嫁到蒙古的公主发现了，她便偷偷派人入京告发此事。但由于此时京城确实已无兵可用，在大学士都统图海的建议下，只好立刻从八旗家奴中抽调健勇者组成一军，命多罗信郡王鄂扎为抚远大将军、都统图海为副将军前往阻截，同时谕令理藩院致书蒙古各部调兵会剿。不久，清军与布尔尼叛军进行会战，这支临时调训的部队竟然大败蒙古军团，布尔尼溃败后仅以三十骑逃走，并于随后被追斩。而其残部及从叛之奈曼部，最后亦因势穷而降。

康熙册封保成（胤礽）为太子，并计划以最完整的专业及品德教育，将其培育成优秀的接班人

鄂陕粤警钟响起

叛军势力不断扩张，不但南漳、谷城沦陷，连延安、绥德也相继失守，而平南王尚可喜部也在潮州受到郑经部将刘进忠的伏击而惨遭大败，最后退守普宁，广东的情势可说是极其危急。不过，自三月初便围攻秦州的清军在屡经战斗后，终于迫使王辅臣不敌撤走、八千余名官兵投降，也算是小小地扳回一城。目前清廷已命多罗贝勒察尼为靖寇将军，率领所拨兵马并统领由河南汝州调来增援的部队一同赴援襄阳，又令靖逆将军甘肃提督张勇，节制全陕军务，力图阻止叛军的前进。

开清史无前例
胤礽受封太子

日前大清皇室发布新闻稿，宣布将在今年十二月十三日，史无前例地将年仅两岁的皇二子胤礽正式册封为皇太子。皇太子胤礽是由已故的孝诚仁皇后赫舍里氏所生，因康熙帝玄烨十分宠爱这位十二三岁就与他结发，并共同经历过被鳌拜欺压的皇后，所以在皇后因难产而死之后，便将所有的感情倾注到胤礽身上，不但对其十分宠爱，还打破传统，预先就将其册立为太子。康熙帝表示，未来不但会亲自教他读四书五经，也会为他找来品学俱优的老师，以将皇太子培养成优秀的接班人为首要目标。

55

年度热搜榜

叛军力攻两广　　再阻清军入援

　　记者日前传回清军节节败退，情形十分不乐观的消息。一开始是郑经的部将刘进忠、刘国轩分统水陆诸军，对粤东诸州县发动猛攻，一路打到惠州。而吴三桂方面迫使清廷两广总督金光祖连印信都来不及带，就从梧州夜遁溃逃。不久，郑经船队又抵达虎门，使得新安、龙门诸县俱望风而降，碣石总兵苗之秀等亦于此时叛清。随后，吴三桂又命马雄等部进逼肇庆、新会，耿精忠又遣军入犯江西并与吴军联合，完全阻住清军入粤援兵的必经之路，目前两广的情势已面临前所未有的严峻考验。

尚之信兵围老爸　　举反旗广东抗清

　　一直被清廷评为有叛变风险的尚之信（尚可喜长子），终于在二月二十一日宣告反清，并接受吴三桂所颁之"招讨大将军"称号。虽然清廷方面对此早有心理准备，在去年（一六七五年）将尚可喜晋升为平南亲王时，就命其次子尚之孝袭封爵位并领大将军印，但实际上平南王藩下大部分的军权还是掌握在尚之信手中。尚之信一掀开底牌之后，马上派兵包围立场与他对立的平南王尚可喜府邸，并发炮攻击清军大营。此时尚可喜已因年老卧病无法反击，对于自己儿子做出这种大逆不道的行为感

尚之信接受吴三桂所颁"招讨大将军"印，正式反清

欢迎加盟。

哈哈！老子早就想反了……

到无比的羞愤故而自杀，幸好左右亲信及时发现，才将他从鬼门关前救了回来。不过医生在急救之后表示，由于尚可喜已届七十三岁高龄，经此剧变身体的健康状况已经迅速恶化，可能拖不过今年底。随后，尚之信为保全实力，已经让出惠州给郑经以达成议和。然后又约旧部两广总督金光祖、广东巡抚佟养巨等前来归附，对清廷的南方战线形成重大打击。

沙俄特使赴京协议 提出无理要求遭拒

今年五月三日，沙俄特使尼古拉等一行一百五十余人抵达北京，以极其傲慢无礼的态度，将国书递交给大学士。尼古拉不但要求清廷允许两国商人自由贸易、归还俄国俘虏，还提出了要清廷每年拿出白银四万余两及价值数万两之生丝熟丝的无理要

求，而结果当然是被清廷严词拒绝。不过，据记者所得到的独家新闻，尼古拉在入京途中听闻三藩作乱时，曾以极高兴的口吻修书向沙皇报告，说此时大清皇帝简直弱爆了，而且对边境的哥萨克人害怕到不行。还夸下海口说，只要给他二千正规军，便可不费吹灰之力将中国长城以北之地尽收统治。军事分析家指出，尼古拉的这份报告完全是信口开河，以沙俄目前部署在边境的力量，根本不足以与大清边防军相抗衡。况且清廷虽然在内地遭逢三藩之乱，但对沙俄的警戒却始终没有降低。此份报告，只是凸显尼古拉本人的夸大与无知。

图海逼降王辅臣　陕西局势渐好转

清廷于二月时任命大学士都统图海为抚远大将军，点拨八旗每佐领骁骑一名、护军二名，赶赴陕西以统率全省满汉军士，并谕令各将军敕印尽数缴回，贝勒董额以下的官兵悉听其节制。不久，又令靖逆将军张勇率领所部还师巩昌，以截堵吴三桂部将吴之茂自四川进入甘肃的部队。由于吴军之前趁着和硕安亲王岳乐部队进入湖南的空当，集结了数万的兵力攻陷吉安，所以清廷便从图海手下拨出一千士兵，会同驻兖州的后备兵团

准备进援江西。而在江南方面，则命华善领平寇将军印统辖江南之满洲及蒙古兵，副都统杨凤翔领永安南将军印驻守京口。命尚善、岳乐二军协力进取长沙，喇布、舒恕部队则合军以御闽粤。而图海大军在五月收复平凉之后，又在六月率部进据虎山墩，切断了叛军王辅臣的粮道。最后王辅臣因处境日益困难，便于十五日降清，至此整个陕西的局势开始好转。

叛军压迫江西　各路清军驰援

居然趁我在外面打拼的时候强抢我女朋友，亏我还把你当哥们儿……

谁叫你事业做那么大，自己不花时间陪她，怨不得我……

原本已经和耿精忠握手言和的郑经，居然又趁耿军忙于对抗清兵之时，派兵从后偷袭，逼得耿精忠不得不立刻回军

　　清廷怕被叛军切断和硕安亲王岳乐大军的后路，于六月初便急命和硕简亲王喇布立即率兵移驻袁州作为接应。不久，尚之信、孙延龄、马雄、耿精忠等部果然分兵进犯袁州，加上吴三桂军又一直坚守吉安，使得江西的战况又显得危急起来。于是清廷便再命多罗贝勒尚善抽调岳州的部分兵力，并从兖州后备军团中每佐领抽一人组成特遣队前往增援。同时又调大同与太原的兵力各五百、驻乌喇的宁古塔兵一千、由京城八旗每佐领抽出的骁骑二名齐赴河南，一并开赴江西驰援。至于大同兵调防后所遗留的防守空缺，则另行调蒙古四子部、苏尼特部等兵各五百名进驻。

郑经背后又捅刀　耿军离赣急回闽

　　原本已经与耿精忠握手言和的郑经，竟然趁耿军忙着与清廷作战之际，偷偷派遣部队进袭汀州，意外遭袭的耿部守军因无法抵抗只好开城献降。由于郑经这突如其来的一刀，使耿精忠变成腹背受敌，于是只好放弃建昌的地盘，赶紧焚营撤回福建固守大本营。康熙帝玄烨在得到耿军退去的军报后，就判断这样的行动一定是被郑经所逼而回师，于是便谕令奉命大将军和硕康亲王杰书、宁海将军固山贝子傅拉塔立即进兵追击，以把握这个能将福建收复的大好机会。

叛将优势渐失　清军开始反攻

　　清军在今夏捷报频传，先于西北战线与吴三桂军的吴之茂部队在秦州、乐门等地激战，在击溃叛军后逼得吴之茂仅以十余骑狼狈逃走。后来在东南战线都统（固山额真，旗指挥官）赖塔又于大溪滩大败耿精忠部队，收复江山及福建的部分地区。资深分析师认为，虽然之前吴军一度势大，但仍无法破湖南而出，除了因吴三桂本身战略过于保守，未能在占优势时挥军北进，只想着和大清裂土分治而坐失良机，加上未能成功整合耿精忠、尚之信、郑经等诸部叛军外，最主要的原因则是清廷的战略部署十分周密。康熙采用层层递补的方式，以最近处的兵力赴援战情紧急之处，再调附近的兵力递补空缺，最后则以中原屯驻的重兵或京城八旗依次分派递补，使得军力源源不绝，即时反应，各边虽乱而中原江淮要地却仍然稳固，财赋及军需物资的转输得到保障。这使得清军屡在危急之时仍能稳住战局，并进一步对叛军各个击破，原本极其不利的情势，至今已逐渐开始扭转。

情势急转！　耿尚双双请降

　　耿精忠因郑经夺去其漳州、泉州、汀州、兴化等领地，又以重兵逼近其根据地福州，而清军也相继恢复建昌、饶州，并重挫其浙江方面的部队，故自知大势已去，决定向清军投降。不过，因为害怕之前被他囚禁的福建总督范承谟日后做出不利的供词，所以便先在狱中将其缢杀，其幕僚、家丁共五十三人也同日遇害。灭口之后，耿精忠于九月十九日遣其子至和硕康亲王杰书军前请降。而郑经则是趁耿精忠降清，人心未定的时候，派遣三万兵马强攻福州，准备将其地盘整个接收过去。但杰书大军随即南下，并调江宁、京口一千二百名兵士，再由京城拨马两千匹，以优势的兵力入闽强压。由于情势急转直下，广东方面的尚之信见势无可为，也于年底向和硕简亲王喇布请降。

> 别打了！！我们投降……
>
> 对面在喊投降吗？
>
> 啊……真不甘心。

耿精忠、尚之信势无可为，已先后向清军投降

59

第 二 章

平定三藩　收复台湾

（公元一六七七年～一六八九年）

▶ 杰书大军连克闽赣
岳乐连营力战吴军

▶ 吴军力衰节节败退
清兵气盛多方并进

公元一六七七年 **公元一六七八年** **公元一六七九年** **公元一六八○年**

▶ 吴三桂称帝
大周军扬威
清军败退广东

▶ 三桂称帝不及半年病逝
世璠贵阳继位建元洪化

▶ 尚之信被赐自尽
耿精忠遭控被囚

▶ 吴周皇帝兵败自尽
三藩之乱尽皆扫平

▶ 施琅力战收复台湾
克塽认输向清投降

公元一六八一年 **公元一六八二年** **公元一六八三年** **公元一六八四年**

▶ 定三藩
大庆功
各省裁军一半以省开支

▶ 沙俄据点仅存雅克萨
黑龙江将军奉命进剿

▸ 藤牌兵建功
　雅克萨收复

公元一六八五年 **公元一六八六年** **公元一六八七年** **公元一六八八年**

▸ 太皇太后辞世
　玄烨悲痛吐血

▸ 广州设立十三洋行
　经手代理外商贸易

▸ 明珠结党势过大
　康熙察觉全拔除

▸ 噶尔丹野心外露
　喀尔喀首当其冲

▸《尼布楚条约》签订
　两国间划定边界

公元一六八九年

罚责过轻无法遏制犯罪　修法加重诱卖良人刑责

据刑部统计，近来诱卖良家妇女的案件层出不穷，已经造成了极大的社会问题。而归根结底，就在于刑罚过轻，无法对犯罪者起吓阻遏制的作用。于是中央政府便改定刑律，加重诱卖良人的论罪。规定凡有诱取典卖，或娶为妻妾等情形，不分所诱之人为良贱、已卖未卖，为首者立绞，从者若为旗人则枷责，若为一般民人则杖流。如犯罪者仅只一人，即以为首者论。若被诱之人与犯罪人立有合同者，亦必须依从犯者论罪。

河道工程迁延偷工　新督靳辅走马上任

二月初，工部尚书冀如锡等奉旨查勘河道整治工程，发现河道总督王光裕虽然在之前题奏中表示各处工程中有些已经完工，有些则还在赶工之中，但实际上却并非如此。经过实地会勘，他发现这些工程迁延虚报，绝大部分根本尚未动工，少部分已新修之堤防的高度及宽度，都不及旧堤的一半，偷工减料的情形十分严重。在冀如锡等的报告中明白指出，王光裕在接受调查时还以经费不足为托词诡辩，而对于实际上的工程内容却完全提不出任何说明，可见其完全没有治河的才能，建议应尽速解任，另推贤能者接手，以免河道工程败坏，遗祸百姓。康熙帝玄烨在了解了整个状况后十分生气，立刻下令将其免职，并以吏部尚书明珠推荐的安徽巡抚靳辅为新任的河道总督，接手整治河道。

你报告上不是说全部完工了吗？！还五星级的呢……怎么一查全部根本还没动工，从头骗到尾……可恶！

可……可是大家不是都这样写的吗？

河道总督王光裕因工程延宕及谎报成果被康熙勒令免职

杰书大军连克闽赣　岳乐连营力战吴军

和硕康亲王杰书率领的大军，在耿精忠归降以后，一路势如破竹。不久前才连破福建的兴化、上杭、武平、永定，以及江西的瑞金、赣州等地。随后又直入漳州，逼得郑经的军队弃城而走，退走厦门。三月时，又分遣官兵随同耿精忠部进取潮州。东南一带，除了少部分地方还在郑经的控制中外，大部分都已经重新挂起了大清的旗帜。至于驻军长沙以西的吴三桂，亦于日前与和硕安亲王岳乐在官山激战。据前线记者回报，双方在摆开连营数十里的阵势之后，岳乐便先下令十九路清军同时出击，而不肯居于下风的吴三桂，也立刻同样以十九路军与之对抗。双方一直力战到中午时分，就在硝烟冲天、胜负难以分晓之时，忽然乌云急行密布，大雨倾盆，使得所有火器都无法击发，双方才鸣金收兵。不过，吴三桂经此一役未能取胜，军中士气大为低落，只能入城据守，整体的声势已是大不如前。

闽南也有三太子　杰书转剿白头军

康亲王杰书暂时放下攻打郑军的行动，调集了大批兵马入山追剿在福建境内专打游击的白头军

继一六七三年京师爆发伪朱三太子叛乱案后，现在闽南地区又传出前明三太子朱慈炯再次举兵反清的消息。不过，根据调查，这次的朱三太子仍旧是个假货，但并不是之前还在逃亡的杨起隆，而是一个名为蔡寅的漳州人士所扮。不过虽然三太子的身份是假的，但反清复明的实力可是真的，目前为止已经聚集了数万兵力，并活动于南靖、长泰、同安等山区，并屡败清军。由于这支义军皆头裹白巾，所以又有"白头军"的称号。白头军游击式的打法，已经严重打乱了清军进剿郑经部队的步调，使得和硕康亲王杰书暂时无暇顾及郑军，只能调集手中的满汉大军，准备入山追击。

康熙册封钮祜禄氏为第二任皇后

因仁孝皇后（孝诚仁皇后）赫舍里氏已于康熙十三年（一六七四年）去世，为免正宫无主、后位久悬，大清皇室于八月二十二日发布诏令，册封已故大臣遏必隆之女钮祜禄氏为继任之皇后，同时亦将"领侍卫内大臣"佟国维之女佟佳氏封为地位仅次于皇后的贵妃。

吴三桂杀叛将　转进衡州

由于探知驻军桂林的部将孙延龄有反吴投清的打算，吴三桂便立刻命其孙吴世琮至桂林，以计将其诱杀，然后收夺其城，在危急之中稳固吴军在广西的势力。但因北方战线接连失利，吴三桂也不得不于十一月初，转进到衡州固守，并命其麾下部队都暂时遁入广西以重新整顿。

耿部将领首告谋逆　康熙冷静留中不发

康熙选择以冷静不回应的方式来处理关于耿精忠准备再次叛变的传闻

已经归附清廷的耿精忠，日前又惊传仍怀谋逆之意图。据记者所得到的机密资料，日前耿精忠藩下的部将徐鸿弼等人，至京首告耿精忠投降后仍蓄逆谋，并举出五项事证，包括：一、违背康亲王命令，不全部举出奸党；二、至今仍暗与郑经相互通信；三、与刘进忠密语时，还说乞降非其所愿；四、密令心腹暗中藏匿铅弹火药，以备日后之用；五、遣散旧兵，归农时还令其各携兵器而走，不将军械留供大军使用。记者可以确认的是康熙帝玄烨确实收到此份奏章，并且也亲自看过了，不过并未对此表示任何意见，也未交付议政王大臣会议讨论或请相关部门研议，只是将奏本留中不发。康熙帝或许是因为这些指控并无实证，也或许是怕此时处理又会激起耿精忠复变，所以才决定暂时先静观其变，以留中不发的方式来冷处理此一事件。

年度热搜榜

皇上，靳辅又送来一本奏章。

啊！怎么又一本，之前的我还没批完。

新任的河道总督靳辅一日之内连上八道奏疏陈述治河理念及实际做法

靳辅去年一日连上八疏治河
康熙点头支出二百五十万两

就在连年征战，政府一再为了军需耗费想尽办法筹钱的同时，康熙帝玄烨仍然关注着民生困苦，通过了去年（一六七七年）新上任河道总督靳辅所提二百五十万两白银的河道整治预算。据了解，靳辅上任后便实地走访各地河道，针对长期泛滥成灾造成沿岸百姓严重生命财产威胁的水患，于去年七月十九日，一天之内上了以"经理河工（一至八）"为题的八道奏疏，提出了相当务实的工程计划。其内容经记者简化后包括：一、预计用二百日，动员十二万三千名工人完成自清江浦至云梯关的下流疏浚工程。二、从高家堰西至清口河岸两旁离水二十丈处，各挑引河一道分头冲洗，以治上流淤垫。三、在各处残缺堤岸的地方，培修宽一尺、坦坡五尺的夯实土堤，并于其上植草保土。四、以密下排桩多加板缆、蒲包，内装泥土，堵塞黄、淮各处决口。五、疏浚清口至清水潭之间二百三十里长的运河，并以所挑之土倾东西两堤之外。六、经费部分共计需求为二百多万两，建议由各州县预征康熙二十年（三年后）钱粮的十分之一，以及工成后增收淮、扬的水田与运河流通商货的税钱，或开纳捐之例以为支应。七、裁并冗员，明定职守，并严河工处分。八、建议竣工后，设五千八百六十名河兵守堤。康熙在考虑后，已经表示将全力支持，除了将经费方面改成动支正项预算，并暂时保留设河兵守堤一议外，其余皆依其议办理。

各省保举大钻漏洞
停止督抚坐名题补

因之前用兵权宜之便，政府一度让各省的官吏有缺员者，由督抚径行题名补实。后来此办法虽经部议之后停止，但仍保留了一些弹性，对地方认为关系紧要的缺额，依然可以听其保举题请，结果造成各省猛走后门，每一出缺即利用此项例外规则径行保举。而吏部碍于既有"保举"字样，又不得不从，以致弊窦百出。所幸此弊终于在二月十七日获得改正，依新规定，今后不用兵的省份将停止保举题补之例，同时若被保举的官员表现不称职者，督抚将被连坐治罪以防堵此一陋习。

清军广西福建双受挫

今春清军的攻势似乎遇到一些瓶颈，在广西方面，原本已经将平乐给围住，但在敌方援军来到之后却被前后夹击而退回中山。于是清廷急令已归降的尚之信部队速拨万人协助作战，再命平南将军赖塔的部队，会同耿精忠兵千名、刘进忠兵五千名，由都统（固山额真，旗指挥官）马九玉率赴广西增援。福建方面的情况也不好，在郑经部将刘国轩以重兵围攻海澄的态势之下，虽然清廷福建提督段应举奉命自泉州提师入援并与郑军发生激战，但结果也是大败，段应举仓皇逃入城中。至记者截稿为止，海澄仍被郑军团团围住，情况看来并不乐观。

大厨，您放心……这次我把门窗都锁好了，老鼠绝对溜不进来的。

走，这边就是储藏室，里面有很多好吃的……

真不愧是你，不管怎样都找得到漏洞钻进来……

之前虽然清廷已严格要求只有特殊需求才能保举，但各地督抚仍然大钻漏洞滥行推荐官员

大清皇室又传出令人悲痛的消息，去年才受封为皇后的钮祜禄氏，已于二月二十六日病逝宫中，随后被谥为"孝昭皇后"。钮祜禄氏生前并未替康熙帝产下子女，居正宫之位只有半年的时间，竟突然病逝，令五年内连丧二后的康熙帝伤心不已。

吴三桂称帝　大周军扬威　清军败退广东

吴三桂在三月一日于"定天府"登上宝座，自称"大周昭武皇帝"，定国号为"周"，建元称"昭武"，册其妻张氏为皇后，以吴应熊庶子吴世璠为皇太孙，置百官、大封文武，号称管辖衡州、湖南、广东、广西、云南、贵州、四川、陕西和甘肃等省。只是典礼当日天公不作美，登基大典在狂风暴雨之中尴尬地草草结束。政治评论家认为，吴三桂选择在此时登基，无非是为了鼓舞近来因清军反击而陡降之士气，以挽危局、定军心。而吴三桂此举也

吴三桂的登基称帝大典在狂风暴雨中草草结束

确实起了作用，六月时吴三桂便于都城点齐了五万兵马，令大将马宝领军而下，与清军抢夺兵家必争之地永兴。此役不但击毙了清军都统宜理布、护军统领哈克山，夺据清兵河外营地，还接着大败前锋统领硕岱等所率援军，并冲溃其营垒，使清军败退广东，吴军声势再度逆转而上。

翻译：中风，有效！下痢，有效！坐骨神经痛也都有效。请打零八零零免费电话。

中风，午毫！下痢，午毫！贼骨形庚踢阿马拢总午毫！洽卡控八控控面护一典威。

称帝不到半年的吴三桂因中风及下痢突然病死

海澄粮尽被破
郑军横扫福建

清军困守海澄的部队，因各路援兵都被郑军所阻，在坚守八十多天之后，终于被刘国轩所破，提督、副都统、总兵等皆战死。据少数逃出的生还者表示，城中原有满洲兵二千、绿旗兵二万、马八千匹，但最后食尽杀马继之又以人肉为食，粗估有二百多名兵丁妻小被杀了吃掉。刘国轩在攻克海澄后，又分兵取长泰、同安，陷南安，围泉州，战况至此又演变成对清军不利的局面。清廷在闻讯后，已立刻命驻京口的汉军千人驰援，再调京城的汉军千人移守京口，然后又调浙江兵马二千余人往福建延平固守要害，浙江的防线缺口则另行募兵五千人以为填补。

三桂称帝不及半年病逝
世璠贵阳继位建元洪化

登上帝位仅五个多月的周昭武帝吴三桂，惊传在八月因中风及下痢，突然病死于衡州，得年六十七岁。当时正在围攻永兴的吴军一接到吴三桂驾崩的消息，为了避免后方生变于是立刻解围撤回。据闻，原本吴三桂在临终前，嘱托心腹大臣将皇太孙吴世璠迎来衡州继位。但当时与吴世璠一同留守云南的郭壮图（吴世璠岳父）为了保全自己的势力，便千方百计加以阻挠。最后众部将大臣也只好妥协，将吴三桂的遗体经宝庆运入贵州，而让将军马宝留守衡州。随后，吴世璠便在贵阳继位，以明年为"洪化"元年，同时封郭壮图女儿为皇后。

清郑双方福建互有攻防

入秋之后，清军与郑军在福建的攻防互有胜负，先是郑军刘国轩部攻占永春、德化、安溪诸县，并分兵镇守。随后清军又发起反攻，过兴化、彰州，抵安溪，水师亦同时下定海，郑军刘国轩恐厦门有失，便将全师抽回，扎营于长泰等地。于是清军便乘势追击。在一阵冲杀之后，刘国轩部被歼六千余人，只好带领余部一万三千多人退守漳州蜈蚣山。清军在恢复惠安、永兴、德化、漳平等城后，赖塔、耿精忠、姚启圣等分兵出战，却被刘国轩部队所击退。战场失利的耿精忠气得拔剑砍地，怒喊着："我就算死，也要跟贼兵同归于尽。"在下令砍了三个临阵退缩的士兵之后，部众随着耿精忠奋起前进，友军看见其部队士气正盛奋勇冲杀，也跟着抢进而扭转战局取得大胜。此役清军总计杀敌三千九百余名，俘一千二百余名，然后又克复长泰、同安等地，暂时取得优势。

清军与郑经的部队在福建历经多次的往返缠斗，结果互有胜负

年度热搜榜

吴军力衰节节败退　清兵气盛多方并进

　　吴三桂因中风突然病逝后，吴军的气势果然受到极大的影响，军心已逐渐动摇。去年（一六七八年）底，吴军水师将领杜辉就派遣密使，自岳州向清廷靖寇将军多罗贝勒察尼请降，虽然最后因事泄而被吴军大将吴应麒所杀，但杜辉手下的部将仍旧率领所部投向清军怀抱。今年吴世琮部在水陆并进攻打梧州时，也显得有气无力，一下子就被清军打得落荒而逃。随后，察尼又率领大军将吴应麒围困在岳州城内，并断其粮道，逼得吴军总兵王度冲等率众投降，清军在吴应麒弃城遁走后收复岳州、安乡、归州、巴东。而多罗顺承郡王（第二等爵位）勒尔锦的大军也渡江横扫，收复松滋、枝江、宜都、澧州、常德、沅州、镇远等地。同时，和硕简亲王（第一等爵位）喇布的部队则是收复吴三桂的登基之地——衡州，再次给了已经焦头烂额的吴军一记正面痛击。

抽！

时间到，收卷了！

啊！我还没写完……

没关系，只要你写了名字就会被录取……

博学鸿儒放榜　优待遗民名士

　　康熙帝玄烨（清圣祖）在去年（一六七八年）元月下诏举荐博学鸿儒之后，于今年三月一日在体仁阁对各地举荐者进行考试，结果录取了一百四十三人。此次考试录取资格极为宽松，尤其对于那些前明遗民及名士甚为优待，其中还有连仅作一首诗且未完成就被录取的。而康熙帝释出如此十足的诚意，用意便在于收揽人心、网罗遗贤，将天下的知识分子都拉进统治阶层当中，削减海内漠视新朝的敌意，并获得士人之拥戴以稳定天下。在这批录取的博学鸿儒之中，五十人被取为翰林官，一人为侍读，四人为侍讲，十八人为编修，二十七人为检讨，皆进入史馆编修《明史》。

京师大震声如雷　皇室疏散躲景山
康熙令发银抚恤灾民

七月二十八日早上九点多，京师地区惊传大地震，余震还一直持续到晚上六点多，其间声势如雷，一波波的强震使得顺承门、德胜门、海岱门、彰义门，以及北京城中四分之三的宫殿、官舍、民房都应声坍塌。其后两天，仍是强烈余震不断，通州、良乡等地都传出城墙塌陷、裂地成渠，并流出黄黑水冒出黑气的消息。连康熙帝玄烨等皇室要员，也都紧急疏散到景山避难达三昼夜之久。接着整个八九月间又是余震频传，使得九门街道积水成渠，京城居民死伤及财产损失都相当惨重。灾情平息之后，康熙帝立刻命八旗都统、副都统、参领等一定要亲行详察灾情并上报。随后户部、工部提出灾民抚恤办法，凡是因地震房屋倒塌无力修理者，旗人每屋给银四两、民人给二两。死亡人口无力买棺入殓者，每名亦发给二两白银。但康熙帝认为户、工二部所拟议的抚恤金额太少，又下令从皇室的私人账户中多支出白银十万两，让负责单位斟酌状况分发给受灾户。

异姓结拜兄弟者　依新法立即处决

清廷对于民间势力的非法聚集一向非常注意，若有相互结党者皆需受到惩罚，以免演变成一股反政府的力量。之前对于异姓之人结拜为兄弟者，便有鞭责一百的明文规定。最近又将此法定得更严，该条例已经改成凡歃血盟誓、焚表结盟兄弟者均应被立即正法。看来结为兄弟的刘备、关羽、张飞若生在这个时代，可能在成就大业之前，便会被依此法砍头了。

清廷整肃官风　严订官员罚则

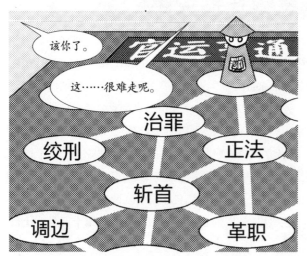

该你了。

这……很难走呢。

治罪
绞刑
正法
斩首
调边
革职

大清中央政府为了整肃官风、革新吏治，在八月颁布了一系列针对官员而订立的处罚条例。其中包括：一、督抚司道等地方官员，如果在赴任前私自谒见京官，或自任职地方差人前往问候，或有留在京城的家人与京官之家有来往者，该官员革职，其家人正法。内外官员如有彼此馈送礼物或金钱者，一经查获立即革职。因事营求关说，苛派馈赠者，连同收受之人一并革职拿问。二、领兵诸王、将军若有借"通贼"为名，焚毁良民庐舍、掠夺其子女财物者俱革职，亲王、郡王、贝勒等交宗人府治罪。如系辖下兵丁强掠，统兵官受革职或降级之处分，该兵丁予以鞭责，如系家人犯罪，则立即正法，并将所掠人口还给本家。督抚有隐瞒不报者，亦同样革职。三、州县官员对民间疾苦不详报上司者，将革职并永不叙用。如已报上司，但上司吃案不具题上奏者，该上司革职。赈饥及蠲免的钱粮，如有州县官侵蚀肥己者革职拿问，上司官不行稽查者亦革职。四、刑狱诉讼不速结，无故将无辜者长时间拘禁者承审官员革职，若有因而致死者，则照例处分。变造口供，与事实不符，则该承办官员革职，误拟死罪并导致受冤者已被处决，则该官员抵死，枉坐人罪者革职。衙役有诈赃十两以上者，连同其子女改调安插奉天，诈赃金额达一百二十两者，照枉法之例拟以绞刑。五、包衣下人（八旗贵族之家奴）及王公大臣的家人若有霸占关卡渡口生意、倚势欺凌者，在当地立斩示众，该管官革职。其主人如系宗室，则亲王罚银一万两、郡王罚银五千两、贝勒罚银二千五百两、贝子罚银一千三百两、公爵罚银七百两，并交宗人府从重议处，如系非宗室公侯伯大臣均革职，地方文武官不行查拿者亦革职。王以下大臣及各级官员若将银钱借贷给民众，并指名贸易、霸占地方者，亦照此例定罪。包衣下人及王公大臣家人在外头以家主之名义罔利干讼、肆行非法，及有司畏势行贿者，该行贿官员革职。其家主知情者从重议处，该犯行之家人枷号、鞭一百。如系家人私自取贿犯罪者，照光棍例处决。如家中奴仆的服饰有违法越分者，其主人罚俸一年，如系闲人则鞭八十或责三十板。该越分之奴仆如系旗下之人则枷号，民人则责四十大板，佐领以下及该管地方官员亦分别接受处分。

图海分兵入川 吴周节节败退

去年（一六七九年）底，抚远大将军大学士都统图海军分路进击，前锋部队进抵兴安，受到强大压力的吴周文武官员三百八十二人、兵丁一万四千余人闻风投降。随后，大清王进宝、赵良栋两军又分取保宁、广元，图海则是率领一半的八旗兵驻扎于凤翔，将另一半交由吴丹率领，继王、赵两军之后推进，以确保两军之粮饷供应无虞。今年元月，赵良栋部入四川，龙安、绵竹、成都先后归降，王进宝部则是先克昭化、剑州、苍溪，在与二万吴军激战之后收复保宁、顺庆等地。吴军至此已是节节败退，一般认为，由吴三桂打造的吴周国已如风中残烛，气势大非当时割据半壁江山时可比，被剿灭或投降应该只是早晚的事。而清军为撙节军费，也开始动手裁撤各处的兵力。

一品官以下禁用太监

近来因民间私自将自家幼童阉割，售予贵族官员充任太监的案例越来越多，已经形成一股歪风，于是礼部便请旨严禁阉割幼童。康熙帝玄烨因此下令只准一品以上官员家中使用太监，其余一概不允。随后又规定，除了"入八分"内的王公外，私买太监者将从重治罪，以免民间私自阉割幼童的事件泛滥，也不致宫中应用的太监员额发生缺人的情形。而所谓的"入八分"王公指的就是和硕亲王、多罗郡王、多罗贝勒、固山贝子、入八分奉恩镇国公、入八分奉恩辅国公等较高爵级的宗室贵族，享有政治及各方面许多特权。其下为较次等的宗室贵族，依序为不入八分镇国公、不入八分辅国公、镇国将军、辅国将军、奉国将军、奉恩将军等级。

75

清军水师强压阵　郑经登舟返澎湖

郑经在去年（一六七九年）命其子郑克臧监国于台湾，协助其副手陈永华节制郑经诸弟之后，于今年元月便率领五千舟师，分乘百余艘船于广东虎门登陆。由于清军来不及布防，所以很快便被郑军杀败，总兵狼狈逃回广州，之后也立即被处以革职。清廷随后命平南王藩下的都统王国栋等进军围剿，企图对郑军造成压迫。而在福建方面的郑军

刘国轩部，则在二月时遭到清福建水师提督万正色以水师官兵二万八千名分乘二百四十艘船的重兵攻击，结果被击沉十六艘船，另有三千余名兵士战死。之后郑经虽然想要调兵反攻，但因军中缺粮已久而自动败退，部将刘国轩严令禁止却仍无法阻止军队的溃散解体。郑经见大势已去，只好率领残部登船驶返澎湖，于是金门、厦门又复归清军所有。

尚之信部下入京告发　控长官残暴虐待下属

老板虐待我们。

汪！

尚之信的部属因不堪被长官侮辱凌虐而入京告发

奉命率军赴援，目前仍在广西的尚之信，日前被其藩下的护卫张永祥、张士选等赴京告发，检举其跋扈怨望、不愿作战、糜兵饷、擅杀部属等罪。但大清中央似乎不愿高调处理此事，除了封锁消息来源外，更不准各家媒体报道。不过眼尖的记者也发现，以巡视海疆为名，刚启程前往广东视察的刑部侍郎宜昌阿等一行人，相信应该就是高层派往调查此事的特别任务小组。而尚之信之所以会被部属告发，应该是与其嗜酒残暴，动辄杀伤部属的个性有关。据了解，首告者之一的张永祥，之前替尚之信送奏章至京师时，因奏对称旨而被康熙擢升以总兵之职，回来后尚之信不晓得是眼红还是怎么的，不但不予其总兵之实，还用鞭子狠抽并辱骂他。另一个护卫张士选则是某一次说了不中听的话，结果便被尚之信用箭射瘸了腿，也引起其他诸护卫的不平。连其藩下的都统王国栋、尚之璋等人，都看不惯其所作所为，以至于引发了这起部属入京首告长官的事件。

耿精忠入京自清

四月下旬，靖南王耿精忠请旨入京获准后，由福建动身前往北京，就受人告发谋反一事提出说明。据记者得到的情报，目前人在闽浙总责军事的和硕康亲王杰书，于年初时就曾密疏请求就地处置耿精忠，但康熙认为若贸然行事，不但会使已投降者闻之惧罪，连未投降者亦会因此感到心寒，恐再度令局势生变，所以便要杰书想办法劝耿精忠至京，再慢慢打算。不过康熙同时也提醒杰书不可轻举妄动，如果劝不动的话就不要硬来，再密奏等候指示。只是不久，杰书便说动了耿精忠，令他自行至京面圣，以解除各方对他的疑虑及指控。这个结果对清廷来说是最为有利的，因为不但免去了一场极有可能激生的变动，也可就近监视耿精忠，或在其入京之后另外编造一个罪由将其囚禁或处死，以绝后患。

众叛亲离　尚之信被逮

之前以巡视海疆为由南下广东的刑部侍郎宜昌阿等一行人，果然是奉了侦查尚之信被控诸多罪行的密令而来。在获得明确的事证之后，宜昌阿便会同都统王国栋、总督金光祖等将领，于五月中发兵围城，将尚之信由广西逮至广州问罪。在尚之信被逮捕时，其所部士兵约八千人因为耳语盛传他们将被安置到云南的偏远之地，而感到惶恐不安，于是纷纷丢下广西的军事防务不管而逃回广州。清廷为免吴军趁机进攻广西，只好赶紧安抚这些逃兵，并保证绝对没有要把他们调往云南的打算，才把这股逃兵风潮给压了下来，将这些兵卒仍遣回广西戍守。

尚之信被以巡视海疆为由而南下的刑部官员闪电逮捕

郑经丧志撤台纵情酒色　永华误中奸计自解兵权

原本已退守澎湖的郑经再次受到重大打击，属下总兵朱天贵竟然接受清廷的招抚，率领二万余名兵士，搭着大小三百余艘战船，到海澄向清军投降。郑经遭此巨变，只好灰心丧气地带着残余部队渡海归台，从此一蹶不振，日日放纵酒色，不理朝事。而原本手握台湾军政大权，将台湾治理得有声有色的陈永华，也因故自行辞解兵权，退出政坛。不过，据了解其中内情的人士爆料，陈永华之所以自解军权，其实是误中冯锡范与刘国轩的奸计。因为冯、刘二人随郑经回到台湾之后，见陈永华手握大权，心中便起了嫉妒之心，想要夺权以自重。于是冯锡范便约陈永华、刘国轩等到办公室，

陈永华误中冯锡范奸计而自行辞去军权

满脸哀伤悔恨地说："我们护驾西征，寸功俱无，如今却仍居其位，令我深觉羞愧赧颜。倒不如我们几个一起请辞退隐，以终余年，才对得住良心。"陈永华是个性情中人，一听表情神色都到位的冯锡范这样讲，便答应与大家同进退，回家之后便马上写了奏章请辞。郑经收到陈永华请辞的奏章之后吓了一跳，便找来冯锡范询问意见。而这时冯锡范却说："想必永华兄是勤劳数载，形神已焦。如今想要乞休静养，必是出于真情，您应当顺他之意以慰其劳苦。至于他所统领的将士，移交给刘国轩统率即可。"结果陈永华就这样被解除了兵权，其部队则落入刘国轩的掌控之中，而辞职的人呢，当然只有他一个，冯锡范仍旧安稳地当他的驾前侍卫。后来陈永华知道自己被出卖，真是后悔莫及，但也只能悒怏于心而无力回天。另外，也有传闻指出，陈永华就是反清组织"天地会"的领导人物陈近南，但此说法并未得到官方的任何证实。

冰雹大水疫病齐来　百姓屋毁粮烂人亡

今年对百姓来说又是个难熬的年头。七月，大同、辽州等三四十州县，接连三日降下如升斗大的冰雹，砸毁许多民舍及农田。在江南江北各地，亦是大水决堤泛流，放眼望去竟如无边大洋，罕见陆地，村居庄稼全部泡烂在水中。更可怕的是，江苏一带疫病横行，医疗单位都苦无对策，每天都有为数不少的民众倒卧路旁，百姓的生命可说是已经悬于一线。

弟弟！快救哥哥出去……

别傻了……就是他们两个举发你的……

这样我们就安全了。

耿精忠因被自己的弟弟举报有谋反迹象而被捕下狱

尚之信被赐自尽
耿精忠遭控被囚

被捕之后的尚之信正待解京对质，其弟尚之节却于八月底纠集党羽诱杀了都统王国栋，然后把尚之信放了出来，兄弟俩再度于广州起兵谋乱。清廷得讯后立刻下令都统赖塔紧急发兵将其包围，并迅速擒获尚之信、尚之节等人。随后康熙帝玄烨降旨，将此次谋乱的尚之节及其党羽处决，尚之信则念其征剿有功赐死令其自尽，而其他的兄弟尚之孝、尚之璋、尚之隆等因未涉此事，不予处分，仍于其位继续供职。尚之信所辖之十五佐领官兵尽撤，分入三旗驻于广东，另设将领管辖。同时亦下令查明广东行市如有被尚之信霸占者应尽速归还，其名下的资产财物则全充军饷。至于之前至京自辩的靖南王耿精忠，则是因为忽然又被其弟耿昭忠、耿聚忠合疏参奏了一本，指其背恩为乱，所以目前已被下令囚禁。

清军夺回贵州
洪化出奔昆明

八月时，清廷终于决定彻底解决吴周的残存势力，便下令一面招抚吴世璠，一面兵分三路向云南贵州进军。此次领兵的贝子章泰自沅州启行之后，有如虎入羊群，连克镇远、贵阳等地。周洪化帝吴世璠见清军来势汹汹，在贵州已失的情况之下，只好仓皇出逃，往昆明奔去。

79

年度热搜榜

■ 郑经病逝长子被杀 次子克塽袭位延平

在三藩相继失败后，唯一残存的反清政权领导人郑经，亦于元月二十八日病逝于台湾，与其父郑成功一样仅得年三十九岁。而原先各界看好，认为有乃祖郑成功之风，个性刚决果断、能统摄文武官将的郑经长子，也就是之前早已受命监国的郑克臧，竟然意外落马未能承继大位，反而由年仅十二岁的次子郑克塽继袭延平王。原来，因郑克臧娶了陈永华之女为妻，而去年（一六八○年）三月，冯锡范已先用计除去陈永华的兵权，致其抑郁而死以孤立郑克臧。肆无忌惮的冯锡范又在郑经死后，将郑克臧骗入内廷，以毫无实据的说法数落其非郑氏血脉，硬是发动流血政变将其杀死，然后拥立郑克塽嗣位。虽然表面上是以其叔郑聪为辅政公，但所有人都晓得，目前郑氏的实际权柄却是把持在冯、刘二人的手中。

革三藩诸弊政　赏清官于成龙

因三藩盘踞地方时，通过种种陋规恶行严重剥削百姓，于是康熙帝玄烨特别下令彻查其旧习弊政。在调查后发现，耿精忠在福建横征盐课，又擅设报船、苛派民夫、强索银两米粮。而尚之信在广东时，还令藩属私充盐商，据津口设立商店牟利。以上种种行为在经查属实后中央已下令广东、福建督抚官员尽悉革除。另外，吴三桂在云南私自圈拨强占沐氏庄园，又放纵藩下官员四处广占民田的行为，由于已经严重侵害民众的权益，所以也下令户部立即展开清查，以便将田地归还给受害民众。同时，为了鼓励全国官员能清廉勤政，康熙帝还以皇室内库的白银一千两、御乘良马一匹，以及亲自创作的诗一章，特赐给直隶巡抚于成龙，以嘉勉这位被他称赞为"清官第一"的廉明官吏。

我验过DHA了……你不是郑氏的血脉，没有资格继位。

胡扯！我当然是郑氏骨肉！而且DHA是一种不饱和脂肪酸……跟血统有什么关系？

郑经病逝后冯锡范为夺权竟然捏造谎言，硬将郑克臧害死然后让郑克塽继位

【专题报道】大清第一廉吏　于成龙

可谓大器晚成的于成龙，是在顺治十七年（一六六〇年）四十四岁的时候才受命为罗城知县，展开其宦途的。他到任后严治安、重生产，让这个地偏人稀的县在三年内便成为一个能让百姓安居乐业的地方，也因此被两广总督以治绩"卓异"举荐。一六六七年升任合州知州（地方行政长官），临行赴任时，罗城的百姓还主动列队数十里，依依不舍地哭送。于成龙到合州之后，积极招民垦荒，借贷

此山是我开，此树是我栽，要从此路过，留下买路财……

我身上就这些萝卜干，不嫌弃的话就拿去吧！

被康熙誉为"清官第一"的于成龙在调任时两袖清风，穷到身上竟然只有萝卜干可以充当口粮

田种予农民，让当时因战乱而仅剩百余人的破落景象，在两年内增加到一千余人。一六六九年又调升黄州知府同知（地方行政长官），以"宽严并治""以盗治盗"的方法，改善了原本已经亮起红灯的黄州治安状况。同时又秉公断狱，平反错案，得到当地百姓"于青天"的称号，也再度被以"卓异"举荐。之后又被调到武昌代理知府，在十天之内只身冒险，顺利说服并招抚了当地的叛乱首谋。调任黄州知府后，又号召二千乡勇，身先士卒，击败了敌人，并擒获贼首，在二十天之内便平定了动乱。后来在湖北任职期间，为了鼓励富户解囊济贫，不仅节衣缩食，以糠为粮，还把自己仅有的财产——驴子一头，牵到市场上卖了十几两白银去赈济灾民。据闻，于成龙在一六七八年调升福建按察使时，竟是两袖清风，只能以萝卜干充当途中的口粮。就在于成龙任职于福建的时候，当地官员屡以"通海"的罪名兴起大狱，将许多人以勾结郑军为由牵扯株连。而于成龙对这些案件则是一一细勘重审，先后释放了一千余名无辜百姓，也因此第三度被以"卓异"举荐。一六七九年，于成龙升任福建省布政使，还被福建巡抚吴兴祚以专疏向朝廷举荐，称其为"闽省廉能第一"。一六八〇年，六十四岁的于成龙才当上直隶巡抚、兵部尚书、大学士等职。次年，蒙康熙帝亲自召见，赐予白银千两、御马一匹，以及御诗一章表彰其廉能，并以"清官第一"的评语作为对他的肯定。

吴周皇帝兵败自尽　　三藩之乱尽皆扫平

二月间，章泰、赖塔二路大军进抵昆明，周洪化帝吴世璠则遣军万余人出城做最后的殊死之斗。吴军以象阵列队冲击清军，双方自拂晓战到日暮，吴军象阵在浴血苦战之后终于被破而大败退回城内。清军于是掘壕围困，并积极招抚从各路而来的吴军援兵以断其生机。到了秋季结束，吴军各路援将几乎都已投降，昆明陷入孤立无援的困境。十月二十八日，吴军内部发生叛变，吴世璠闻变之后自尽而亡。清军随后入城，文武官员共一千五百余人、兵五千余名尽皆弃械投降，吴世璠被戮尸后传首京师。十一月十四日，云南全省荡平，自康熙十二年（一六七三年）起历时八年，战火蔓延十省，最严重时大半江山为叛军所据的三藩之乱，至此完全平定。

康熙大力推行种痘　　千万生命将获保全

康熙帝玄烨在得知由江南传至北方的"种痘法"可以很有效地预防痘疹（天花）时，便下令所有皇子、边外四十九旗，以及蒙古喀尔喀部等诸藩都必须进行接种，以免因感染痘疹而发病身亡。其实痘疹一直是东北及蒙古、西藏等地区民众生命最大的威胁，像和硕豫亲王（第一等爵位）多铎、顺治帝福临等人，都是因为感染痘疹而死。就连玄烨本人小时候都曾经出过痘，虽然侥幸存活，却也在脸上留下了不少坑坑洼洼的痕迹。而种痘之法在江南流传已久，技术也不断进步，虽然还是带有一些危险性，但是成功率已经相当高。目前比较先进的接种方法是"水苗法"，就是先取二三十颗病人的痘痂（最好是经过多次接种的痘痂，因为每接种一次，其毒性就减弱一次，但其抗原性仍然存在），将其磨成粉末状，然后加入烧过的水或人乳三四滴调匀，裹在全新的薄棉片中，捏成小椭圆状再用线绑住，塞入鼻孔之中约十二小时。如果七日后有发烧及出痘的情况，便是种痘成功了。因为接种者所使用的疫苗经过几次减毒，所以通常发病之后很快就能自行痊愈，而体内也有了抗体，不会再被痘疹感染。不过预防接种也存在一定的危险性，若是接种者体质较虚弱，或是负责种痘的医生技术不佳，或是选用的痘痂毒性过强，也有直接诱发痘疹而丧命的可能。但医界权威表示，此项种痘技术为独步全球的最先进的医疗技术，目前世界各地除了中国外，还没有人能有效地控制此病。而康熙帝以其独到的眼光，将此法推行全国，将可拯救数以千万计的生命。

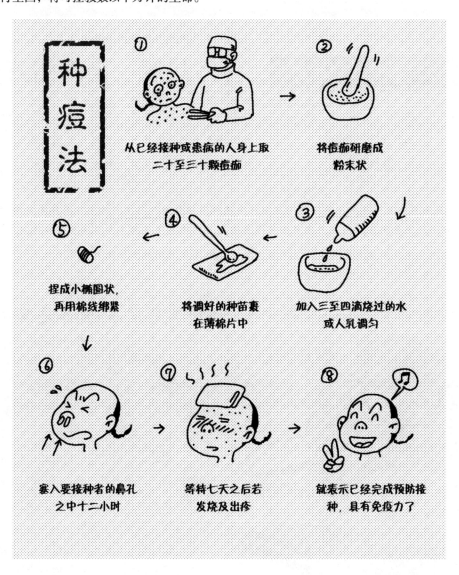

种痘法

① 从已经接种或患病的人身上取二十至三十颗痘痂

② 将痘痂研磨成粉末状

③ 加入三至四滴烧过的水或人乳调匀

④ 将调好的种苗裹在薄棉片中

⑤ 捏成小椭圆状，再用棉线绑紧

⑥ 塞入要接种者的鼻孔之中十二小时

⑦ 等待七天之后若发烧及出疹

⑧ 就表示已经完成预防接种，具有免疫力了

年度热搜榜

定三藩　大庆功　各省裁军一半以省开支

由于三藩之乱已经平定，康熙帝玄烨今年元月十五上元节，破例于乾清宫宴请大学士及各部堂官共九十三员，并表示大家可以开怀谈笑，不必拘泥于平常之礼节，整个清廷上下最近可说是沉浸于胜利的喜悦之中。不久，清廷还将吴三桂的骸骨分发各省，同时把吴世璠首级悬挂示众，并处死诸多党人以昭告天下不得再存异心。而遭亲兄弟指控谋反的耿精忠等人则被凌迟处死、悬首示众，其子等十六人亦同时被处斩。至于因造炮助平定三藩有功的钦天监治理历法通政使南怀仁，则加工部右侍郎头衔，并准其于内廷召见时不必行跪拜之礼。另外，由于三藩已定，各地战事告一段落，所以也预计于五月将各省的军兵裁去一半，以节省军费之开支。

> 将军，您终于回来了。

> 嗯……走吧！去给他们一点颜色瞧瞧……

施琅在被冷冻十三年之后再度统领征台水师

施琅再督水军　郑军集兵澎湖

清廷在定三藩之后，决定不再容忍凭海而据的郑氏集团，于是在去年（一六八一年）再度起用已经被冷冻了十三年之久的施琅，将他重新任命为福建水师提督，并加太子少保（太子之辅佐官，为荣誉虚衔）之衔。今年元月时，施琅抵达福建，开始于厦门各处调兵整船，准备于南风起时大举进攻台湾。而郑军方面的大将刘国轩在得知此一消息之后，也立刻动员了铳船十九艘、战船六十余艘，以六千名兵力镇守澎湖。就在双方紧锣密鼓地准备时，施琅在七月中突然发现兵部札付内，附有宁海将军喇哈达等奏称南风不如北风的章疏，似有将征台任务委由福建总督、水师提督共同负责的倾向。于是施琅立即上疏为己申辩，强调为何要等南风才能发动攻击之理由，同时为了能专一事权，而避免形成多头马车，又奏请能单独负起指挥大责以讨郑军。清廷在议政王大臣会议讨论之后，决定准许施琅以自己规划的有利时间及计划，全权负责进剿台湾。

恶棍高利放贷惹众怒
杭州罢市抗议求严惩

今年九月六日，杭州惊传北关门外集体罢市的消息，因为影响面颇大，所以政府已经积极介入调查。根据官方所发布的新闻稿，整起事件的起因是当地恶棍勾结旗兵以高利放贷，并逼迫无力偿还者必须以子女抵债，长时间以来已经逼得百姓无法喘息。最后大家在忍无可忍的情况之下，终于发动罢市抗议，希望能获得政府的重视。而当官府进行调查并会审时，旗兵王和尚等竟然还率数百人到公堂逞凶，不但辱骂官员，还毁损舆盖，完全无视法纪的存在。当这件事情传到宫中之后，康熙帝对于这些人违法乱纪的行为十分愤怒，已降旨要求相关部门务必严查究办，将平时鱼肉乡民的这些土豪恶棍绳之以法，以还给人民公道。

杭州因恶棍高利放贷而引发罢市抗议

沙俄日益侵扰
清廷整军备战

因近年来沙俄侵扰边境的行为日益加剧，不但于黑龙江、精奇里江等处盘踞，还四出掠夺，又侵占雅克萨城为据点，侵扰邻近各部，控制了黑龙江下游直到鄂霍茨克海之间的广大区域。于是清廷派人以捕鹿为名，先行前往附近侦察，详细了解当地的水陆交通情况，以作为反击之准备。接着考虑到宁古塔与沙俄相距甚近，又是水陆要津，一旦开打，战船是否堪用就显得尤为紧要。便于十二月命令户部尚书伊桑阿带领能工巧匠，立即前往修复战船。同时又命熟悉水战的将领林兴珠前往操演战船，以提升当地水军的战力。同时命宁古塔将军巴海按照工匠修复一百艘战船所开出的规格需求，派人依数砍伐木料以积极备战。

年度热搜榜

【康熙二十二年】公元一六八三年

——台湾粮荒遣使议和

据守台湾的郑氏集团今年可说是时运不济，不但内有岁饥歉收、人民饿死的惨剧，外面还有施琅将要领兵渡海来袭的威胁。所以主事的冯锡范一面备兵于鹿耳门，另一面则遣使至福州谒见福建总督姚启圣以求议和。虽然姚启圣赞成与郑氏议和，但因主战派的施琅坚持要发兵进剿，使得双方的和议也因此破局，台湾方面派来的使者只好黯然无功而返。但清方抚、剿两派的对立却也因此愈演愈烈，主张招抚的姚启圣，联合了刚转任福建陆路提督的万正色，两人一同联名上疏主陈剿台之三不可行之处。他们认为郑氏经营台湾，已经累积了数十年之生聚教养，无论是经济还是军事实力均不可忽视。而且台

施琅请旨坚持进剿——

海波涛不测，若派水师远征必须承受极大的风险。加上郑军的水师舰队船坚炮利，又熟悉当地的水文潮汐，与之对战恐怕难以取胜。施琅见主抚的一派在人数上占优势，而主战者只有自己一人，便也立刻上疏反击。他力陈台海情势并非完全如此居于劣势，以最近投诚者人数增多的情形来看，台湾内部恐怕早已是军心不稳。而且今年因岁饥导致米价飙涨，粮食的价钱已非寻常百姓可以负担得起，种种迹象可以看出目前岛内是人人思危，正是可破之时，此刻不剿恐将错失良机。最后，由康熙帝玄烨亲下裁示，如果郑氏集团肯剃发归附的话，则可遣官招抚，但如果仍一直坚持拖延的话，就由施琅专权从速进剿。

议和派的姚启圣、万正色与主战派的施琅在对台湾抚与剿的问题上各自提出看法，力争康熙的支持

康熙帝龙颜一怒
索额图贪酷被革

在康熙帝玄烨亲政之初协助其智擒鳌拜，立下大功，从此成为皇上身边红人的索额图，三月八日因贪酷而被皇帝下令从权力核心之中拔除。其实，索额图利用权势贪纵横行的事情，玄烨早有所闻，在一六七九年时就曾训斥其"令见所行，愈加贪酷习以为常"，并告诫其要痛改前非，否则便予以重惩。只是索额图在收到告诫后却仍于朝中植私党、擅权势，贪侈至极的恶习依然故我。到了今年，玄烨一怒之

原本是皇帝身边红人的大臣索额图因贪酷被康熙严惩

下便召集了诸议政王大臣，当场列举了他以下诸点不端行为：一、索额图之弟心裕素行懒惰，屡次空班，之前交其议处，但却徇私放纵，只意思意思地以罚俸一年结案。二、索额图之弟法保因懒惰被革去内大臣职务，令其随旗行走，但仍不思效力赎罪，终日在外以射箭为乐，而身为兄长的索额图竟未能尽教训之责。三、索额图自恃巨富，日益骄纵，到处施压，严重破坏法纪。于是经议政王大臣会议决定，奏准将索额图革去议政大臣、太子太傅（太子之辅佐官，为荣誉虚衔）、内大臣等位，只留佐领一职。

战前准备皆到位　清军待发黑龙江

清廷在东北为反击沙俄的准备工作已进入最后阶段，不但已派专人先行前往勘察河道，还积极整修船舰，并积屯开战所需的军粮。确定了军粮的后勤路线，将粮草由乌喇经辽河以水路运至吉林，再运至黑龙江以供军需。同时，为了确保粮食之供应无虞，还特别打造六十余艘长三丈、宽一丈，可载米百石的运粮船。据了解，目前这批船舰已进入试航阶段，随时准备好接下运粮要务。最后，又将部分清军由乌喇、宁古塔移驻黑龙江，交由副都统萨布素负责前线军事行动之指挥，准备在适当的时机击退沙俄入侵者，而宁古塔将军巴海则留守乌喇以作为后援。

在澎湖水军被施琅击溃之后，郑克塽已带领全台军民向清投降

施琅力战收复台湾　克塽认输向清投降

清军福建水师提督施琅在六月十六日率领二万余兵士，分乘二百余艘战船，由铜山开抵澎湖，与实力相当的刘国轩部队爆发激烈海战。据随军记者表示，在海战期间双方炮火齐射，轰隆之声不绝，硝烟之味漫天，整个澎湖海面都被火光、炮石及黑烟所遮蔽。而施琅右眼虽被火铳所伤，一员部将也因遭受炮击而肠流于外，但两人都迅速裹伤后又上场奋勇指挥，完全不露惧色。到了二十二日，双方一开始仍旧先发火炮互相轰击，两边你来我往不分胜负。一直到上午九时出头，海面上终于吹起了清军期待已久的强劲南风，施琅便立刻下令火器船乘风纵发，以火桶火罐掷向敌舰。郑军的舰队顿时陷入一片火海之中，士兵争相跳海逃命，刘国轩所率领的这支郑军主力完全溃败，战船损失殆尽，军官死亡三百多人，而兵士则多达一万二千余

人殒命、五千余人投降，整个澎湖海面上漂满了郑军浮尸，刘国轩则是搭乘小船亡命驶回台湾。清军在死伤二千余人后，终于一举攻占澎湖，准备乘胜再向台湾发动攻击。郑氏集团经此大败之后，元气已伤，自知无法再与清军抗衡，郑克塽只好决定向施琅请降。八月十三日，施琅舰队抵台，由鹿耳门登陆，刘国轩、冯锡范等郑氏主要官员夹道迎降。随后施琅下令全台兵民剃发，并将已经归降的郑氏家族迁入内地。然后清廷于十月十九日，下达展界令，命福建、广东、江苏、浙江沿海展界，并将土地归还之前因迁界禁海而被迫撤走的原地主，使百姓得以复耕。而沿海土地无从查考地主者，则由承耕之人世世享有永业。同时也放宽捕鱼、煮盐之禁令，沿海居民无不因此而欢呼庆祝。

因沙俄入侵者不断在黑龙江沿岸焚杀各部百姓，让清廷决定以武力固守边疆。于是先调乌喇、宁古塔、达斡尔兵共约千名，连同家口一并移戍前线。然后下令调盛京兵六百人协助于黑龙江建城，并备妥火炮战具、兵船战舰，同时设斥候于江边的呼玛尔。为了能快速传递军情及指令，又自黑龙江至乌喇沿途设置十个驿站，每一站配置驿夫五十人。并利用新造好的运粮船，将粮食由水路运至黑龙江城屯储，以备战争之需。原本被派驻该地的副都统建议由宁古塔的兵力轮番更戍，但康熙帝玄烨考虑到如此兵士将过于劳苦，于是提升萨布素为首任黑龙江将军，让其所辖部队直接驻守在黑龙江城中。当黑龙江城完工，部队进驻之后，当地的反侵略气势便为之翻转，沿江的奇勒尔、鄂伦春等部落居民，纷纷挺身而出击杀入侵者。而大清国在将黑龙江的部队及指挥权由宁古塔抽出独立后，东北的军力配置已经形成了由盛京将军、宁古塔将军、黑龙江将军组成的铁三角阵容。

苏州知府买名自我行销
康熙皇帝识破诡诈伎俩

据记者回报，十二月中在苏州城内，四处都张贴了赞颂知府杨天祐勤政爱民的歌谣，在地方上形成热烈的讨论风潮，连各大电视台也争相邀请杨天祐上节目谈话，让这位地方首长一时之间成了风云人物。只是此事传到康熙帝玄烨的耳朵后，这位年仅二十八岁的年轻皇帝识破了其中的可疑之处，并对相关部门官员说："一个地方官如果真能爱养人民，实实在在认真做事，声誉自然会传扬开来，哪用得到处张贴

> 大人，市政满意度一直下滑怎么办？

> 那就再多花些经费做好公关及形象广告……

> 对，嘴角再往上扬一点……很好，再来一张。

歌谣。而一般的市井间阁小民，如何具有为诗为文的能力？况且我看了这张称颂杨天祐德政的诗文，发现里面所用的部分词句根本就是大计时长官对他的考评之语，百姓如何能得知？所以这些在苏州到处张贴的歌谣，一定是杨天祐自行花钱买名做行销，或委托公关公司所刻意做出来的形象广告，其中所言不可尽信，相关单位务必查明此事，以杜绝此等歪风。"经查后真的如康熙帝所言，刻意营造勤政爱民形象的杨天祐，结局是偷鸡不成反蚀米，在这件事上栽了个大跟头。

明正德帝

快救火！

哎呀！干吗把我扯进来……

清康熙帝

亲上火线的康熙帝与明朝正德帝遇到京城大火的反应，刚好形成强烈对比

京城民居大火　皇帝亲上火线

今年三月，京城正阳门外的民房发生大火，但案发时负责京城地区安全的官员及巡捕营的人，却都没有前往救火。最后在正阳门的门楼上坐镇指挥，终于把大火给扑灭的人，竟然是当朝皇帝玄烨。而这起皇帝亲临火场，化身救火英雄的事件，也同时令人联想起一百多年前，在明朝正德九年（一五一四年）的乾清宫大火事件。当时的皇帝朱厚照（明武宗）在前往豹房（武宗玩乐的场所）途中，忽然发现象征国家权力的乾清宫发生大火。结果他却一点儿也不在意，反而看着冲天烈焰兴奋地大笑说："这真是好一棚大烟火啊。"

康熙召开南巡准备会议
宫中自备物资　严禁私派扰民

为了能实地勘察河道的工程，玄烨决定在今年九月间展开一趟南巡之旅。在下令各单位进行准备工作之前，他还特地把相关部门的官员叫来，然后谨慎地叮咛说："朕这次巡幸江南，为的是察看治河工程，行程中使用的东西一律节省从简。需要用到的草豆饲料由户部统一采买，工部则负责木炭，光禄寺准备食物，所有物资都要一次备齐，不必再于沿途补给。千万不可以让地方官以此为理由，向民间索取任何物资，扰害百姓。"玄烨还要求在规划巡行路线时，若有水路则走水路，无水路才改走旱路。同时也禁止随从人员任意于途中上岸购物，以免扰乱当地的市场，造成物价飙涨。

台湾前途一片光明　清廷将设政府机关

在听取了各方的意见之后，玄烨终于于日前下令在台湾正式设立政府机关进行治理并分兵防守。规划中，行政中心设在东安坊的台湾府仍隶属于福建省，但分置一道员（省与府两级之间的地方行政长官）管辖。而台湾府下辖的诸罗、台湾、凤山三县，则都位于山脉以西三十里至五十里宽的狭长平地上，高山及东部为未开发之地。三县中，以台湾县为中路，长约三十六里；南路为长约二百七十五里，直抵全岛最南端的凤山县；北路则为北至鸡笼，长达九百多里的诸罗县。由于南北两路并不通畅，又听说当地有割人头颅的恐怖习俗，所以县府衙门的主管根本不敢到这么偏远荒僻的地方上班，最后只好决定先将凤山县衙临时设置在府城之内，而诸罗县衙则是暂时驻在佳里兴办公。

台湾新设立的凤山与诸罗两县因为太偏僻危险，
所以办公的地方都还是在府城里面

91

禁海令终于解除 讨海人准备出航

由于郑氏占据台湾的问题已经解决，中央政府在地方官员的建议之下，已于日前决定废除困扰沿海居民已久的禁海令。初期将开放浙江地方的百姓，在事先向地方官府报备，并登记姓名及人数等资料的前提下，可以用载运量五百石以下的渔船出海捕鱼或贸易。不过在各海口仍会有官兵船队巡逻防守，所有出入的船只都必须由官员验明印票，并依规定缴交税金。一般认为，禁海令的解除，将会对沿海百姓的生计产生正面的影响。

暹罗贡使团请求 简化程序获准

今年暹罗国王所派遣的使节团前来进贡时，向中央政府提出陈情，说每次进贡时所携行的大量贸易货物，常常因为地方机关的行政手续过于冗繁而导致过期损毁或腐坏不堪，所以奏请清廷准许他们在登岸具报之后，便可直接上岸进行贸易。中央政府在研议之后，已经同意这项请求，并且也答应让暹罗的贡船在贡使们进京之后便先行回国，等到次年时再到广东将贡使们接回。同时也依其所请，下谕给地方官员，让贡使团采办器物用品时，要尽量给予方便，不要随意加以阻拦。

沙俄据点仅存雅克萨 黑龙江将军奉命进剿

由于政府军在东北铁三角的阵容已然成形，加上边境各部落人民的同仇敌忾与正规军的进逼，使得盘踞在黑龙江中下游的沙俄部队，陆续撤离。所以玄烨早在今年元月时，就已命黑龙江将军萨布素清剿黑龙江下游牛满江、恒滚河之沙俄部队。沙俄入侵强占的许多战斗据点，在经过驻军的驱逐清剿，最后仅存雅克萨一座孤城。到了七月时玄烨再度下令，要萨布素统兵由陆水两路向雅克萨挺进，先踏毁俄军所耕种的禾田，然后再引精兵前往剿灭。不过，也有消息指出，萨布素在接到命令之后，似乎并没有遵照指令行动。军事专家指出，要是此项消息属实，让沙俄人有时间收割粮食并严加准备的话，将会错失一举剿灭雅克萨部队，将沙俄势力完全逐出东北的大好机会。

康熙首次南巡　视察河工整治

在经过半年的准备之后，玄烨于九月二十八日开始了第一次的南巡之旅。浩浩荡荡的圣驾一行于十月中旬行抵宿迁，并与河道总督靳辅勘察河道工程。到了十一月初的时候到达江宁，前往明太祖朱元璋的陵墓祭祀。接着于回程途中，康熙帝再度巡视河工，然后于十一月底回到紫禁城。而原本就已被提报表现不良的漕运总督邵甘，则因为在南巡时被查明属实而遭到革职的处分。不过，因皇帝南巡而升官的也大有人在，原任江宁知府的于成龙，便因玄烨在南巡时听闻其清廉爱民，而被拔擢为安徽按察使，并委以整治下河及海口的事务。只是这个于成龙是汉军镶黄旗人，并非之前担任两江总督（地方行政长官），被玄烨誉为"清官第一"的山西人于成龙。山西于成龙已于今年四月在任内去世，享年六十八岁。不过，小于成龙当初就是经由两江总督山西于成龙推荐，而当上江宁知府的。

传皇上圣旨，于成龙表现良好……

是叫我吗？

是我啦……你已经死了。

康熙这次南巡时特别嘉勉了于成龙，不过这个于成龙并非之前被誉为"清官第一"的那个

郑氏家口旧属编入三旗　台湾降兵安插各省垦荒

之前已经投降的郑克塽家口亲族，以及其旧属刘国轩、冯锡范等人，在十二月时被遣送至北京后，都被编入上三旗之中以方便监管。而总共四万余人的台湾投降官兵，则被分散安插于福建邻近各省，让他们去开垦荒地，以免再次作乱。

年度热搜榜

前线未依旨进军被责　康熙再令夺取雅克萨

　　政府高层在日前表示，皇帝玄烨对于去年（一六八四年）黑龙江将军萨布素，未能遵从指令即时出兵扫清沙俄在雅克萨的军事据点，还以"时间上来不及收取敌方农作物，只会徒增本部兵马劳顿"为借口这件事，十分不高兴。在降旨严词谴责之后，康熙已于今年元月派出都统公瓦山、侍郎郭丕等前往黑龙江，再与萨布素详议攻取雅克萨的战略计划。康熙帝同时也致书沙皇，希望沙俄能自行撤兵，以免两国之间掀起战端。但由于沙俄方面对此置若罔闻，没有给予任何回复，同时又探得在雅克萨的沙俄人已经开始积极备战，清廷不得不对此问题采取更为谨慎的态度。而在发现雅克萨的敌军只有区区数百人之后，玄烨便传令给都统彭春、黑龙江将军萨布素等人，要他们在四月率领三千大军，自爱珲出发，分由水陆两路进取雅克萨。

圈地仍有听闻　康熙重申严禁

　　虽然之前中央政府早已宣布过不得再将民地圈归旗下，但事实上，许多地方仍然用各种名目借口，一如既往地照行圈地之实。玄烨在知悉此一情形之后，已于今年四月再次传谕大学士，重申不准将民间开垦的田亩圈于旗下的规定。并指示如果旗下还有人需要拨给田亩的，就从户部所管理的现存旗下余田中拨给配发。同时也要求对于那些借机圈占民地，或逼民换地者，都从重治罪。

沿海设立四海关　西洋贸易可通行

　　政府继去年（一六八四年）解除浙江地区的出海禁令之后，又在今年放宽了更多的限制，不但让本国人民可以出海捕鱼和从事贸易，也同意让西方各国来中国从事经贸活动。依照目前最新的公告，政府将在澳门、福建的漳州、浙江的宁波，以及江南（江苏、安徽）的云台山等四处，分别设立粤海、闽海、浙海、江海等四个海关，以管理中外之间的贸易。同时，天朝大国为了显示对这些"蛮夷之邦"的照顾，也将对外籍商船减免部分税额。而这个消息发布之后，果然吸引了西方各国纷纷前来寻找商机。目前行动积极的国家，除了早已经营东亚市场许久的荷兰外，英国也紧随其后，摩拳擦掌准备进军中国市场。

由福建调来的藤牌兵打垮敌军，俄人投降并迁出强占多年的雅克萨城

哇！我的脚……

我跳！

藤牌兵建功　雅克萨收复

　　清军在六月进抵雅克萨后，便立刻以优势兵力展开包围。不久后，侦察部队发现一支从上游乘着竹筏赶来增援的沙俄部队，于是由擅长水战的将领林兴珠率领由福建调来的藤牌兵入水拦截。赤裸上身的藤牌兵，以头上顶着的藤牌来抵挡火器及箭矢的攻击，然后挥动手中的利刃猛砍敌军小腿。沙俄部队因为没有遇见过这种战法而纷纷落水，死伤过半，残余部队也只好乘着竹筏仓皇逃窜。在成功击退援军之后，清兵便开始发动围城猛攻，一百多门炮火瞬时齐射，造成雅克萨守军严重伤亡。沙俄部队长发现无法再支撑下去，为了避免全军被歼灭，便举起白旗向清军乞降，同时还立下了永远不会再来雅克萨的誓言。而清军方面因为之前已收到康熙帝不可杀害任一个投降者，只要把他们都赶回去即可的指示，所以对这些降军并没有多加为难。最后，沙俄的官兵及妇幼共六百余人都获得释放，清军甚至还同意他们把所有的器物都一并带走。被强占了二十年的雅克萨城终告收复的消息传回北京之后，玄烨除了论功行赏，还特别指示要在雅克萨做好防御工作，并要相关单位立即讨论可于何地永驻官兵，以免沙俄军队去而复返。

官官相护遭识破　玄烨下旨令严惩

之前，御史（监察官）钱珏曾经上折劾奏山西巡抚穆尔赛，说他任意加派辖下各县火耗（以熔铸白银时的损耗为由，在规定税金之外另加的款项），并于嫁女儿时向属下索要礼金，并于同案一并举发布政使那甭收取贿款、多征银两，以及其他涉案人员违法渎职之情事。玄烨看过之后，便将此案交付九卿会议（由大理寺卿、都察院左都御史、通政使，以及吏、户、礼、兵、刑、工六部尚书共同组成的会审团）调查讨论。但是会议的结论却认为穆尔赛为人朴实，不至于会无端生事。玄烨在看到这份明显祖护穆尔赛的报告后十分生气，知道其中一定有人力庇穆尔赛，企图官官相护，于是下令将满籍大学士勒德洪降二级、尚书科尔坤等降三级，汉籍大学士及九卿则予以宽免，然后要求据实重新做审查。果然到了十一月，刑部便提出一份新的报告，拟将穆尔赛、那甭及相关涉案的知府、知县数人皆处以绞刑，并待秋后处决，其他涉案官员则依情节轻重分别予以严惩。

筑河堤！
开海口！
用堆的！
用挖的！
用烤的！
用煮的！

靳辅与于成龙为了治河的方法争论不休

治河方向大论战 !!
靳于二人御前激辩
裁定暂用疏浚工法

负责治河的靳辅、于成龙两人，于日前奉召入京，与大学士及各部门首长一同会商如何解决黄河水患，将泛滥成灾的河水导入海中的问题。其中靳辅主张筑起高一丈五尺的长堤，以束水的方法防止水流溢出，于成龙则认为应当开浚海口，以便将水顺势导入海中，而同时与会的官员们则分别各有支持。结果二人在皇帝面前为了自己的理念激烈争辩，互不相让，甚至已经吵到恶语相向的地步。玄烨虽然对于两人有失大臣之体的行为当场加以申斥，但同时也认为两人所说其实各有道理。在经过一番考虑之后，玄烨最后裁定因于成龙所提的方案省钱而且较易施行，所以先暂时采用开浚海口的治水法，若一段时间之后此工法未见成效，到时再重新研讨。

皇子教师因拉不开弓而在学生面前被痛殴一顿

皇家教师竟尊严扫地　学生面前被家长痛殴

　　不久前玄烨在教诸皇子射箭时心血来潮，要随行的皇子教师徐元梦也一起来试试看。但文人出身的徐元梦根本不善骑射，连弓都几乎拉不开，于是遭到玄烨的诘责。而徐元梦在解释的时候又不慎说错话把皇帝惹怒了，所以玄烨便当着诸皇子的面，命人把他们的老师打成重伤，并取消其仕籍，还将他的父母都发配到黑龙江去。不过，为了不耽误皇子们的学业，玄烨还是下令要太医为身负重伤的徐元梦医治，并要求他第二天仍正常上课。到了次日，浑身是伤的徐元梦于大雨中跪在宫门前，边哭边请御前侍卫代为转奏其父母年老体衰，希望可以由他代替发配千里之外。而玄烨在气消了之后，大概也觉得自己做得有点过分，便降旨将其官复原职，父母也都免予流放。只是玄烨在年幼的诸皇子面前对老师下此重手，已使诸皇子幼小的心灵烙上难以磨灭的印记。他们可能从此留下自己出身高贵，而老师只是个身份卑贱的下人这种不良印象，相信对其人格的养成势必产生极为不良的影响。

真是无用功
沙俄背誓弃信　再次进据雅克萨

由于去年（一六八五年）清军将沙俄人逐出雅克萨之后，不但没有按照中央的指示派兵驻防，也没有设置巡逻卫哨，甚至连田间的作物都没有焚毁便撤回爱珲，以至于让沙俄部队有机可乘，而再一次进据雅克萨。曾经立誓永不再来的沙俄部队，不但收走了田间的作物当成存粮，还吸取了之前的教训，在一片废墟之中重新构筑起更坚固的要塞城堡，以防御清军的炮击与火攻。同时也修建了粮库、火药库及军需仓库，储备了两年的粮食，还在城中挖掘水井，准备在此长期固守。而玄烨在得知此消息之后，认为若不速行扑剿，等到俄军积粮坚守，恐怕事情会更难处理，于是下令黑龙江将军萨布素等立即率领所部两千人，前往攻取雅克萨城，并选出候补的官兵会同藤牌兵四百人，由林兴珠率领前往增援。

广州设立十三洋行
经手代理外商贸易

在两广总督、广东巡抚及粤海关监督（广东海关督察）的建议下，为了能更方便管理与外国之间的贸易业务，清廷已同意在广州设立十三家洋行，作为官设的对外贸易特许商。今后所有外国商人的进出口贸易，都要通过这十三家洋行来代理经营。十三行不但要向海关承担进出口洋船的各项税金，同时也要代理政府管理外商及执行与外国人之间的诸多事务。虽然此项决定简化了政府在管理层面上的许多麻烦，但对于外商来说，等于又多了一层从中剥削的关卡，从而降低了不少的利润。

俄人见清军疏于防备，便违背誓言，重返雅克萨城

治河工程一变再变
造假官员遭到革职

政府整治河道的计划真是一变再变，原本在去年（一六八五年）已经决定的开浚海口方案，又因工部尚书等部门首长一同提出复议，认为此工法无法解决高邮等七州县的水患问题，所以在今年二月，玄烨便下令停止开浚海口的工程，并将负责该计划的于成龙调升为直隶巡抚。不过后来情况又发生变化，原任江苏巡抚的

你为什么在微博上和别的女生说一些恶心的话？

那不是我啦，是有人盗我名字设的账号！

政府日前发生官员私自将别人名字写入提案的造假事件

汤斌因升任为礼部尚书，在赴京就任时被询及有关开浚海口之事，结果汤斌说当时各州县对于开浚海口的事虽然众说不一，但他当初在参与讨论时，向工部尚书萨穆哈、礼部侍郎穆成格等所表达的意见，其实是赞成开浚海口的，只是不知为何被说成所有人意见一致，连他的名字也写在建议停工的奏折之上。玄烨于是叫来萨穆哈、穆成格二人对质，在调查之后果然发现二人造假，于是以回奏失实的理由将二人革职。到了六月时，由于参与讨论的相关官员又具题表奏赞成开浚海口之议，所以便重启开浚海口的工程，而河道总督靳辅，则被以治河年久无功而革职留任（免除官位，但仍从事原来职务，若表现良好能复职）。

清军兵围雅克萨　两国会谈将进行

再一次受命收复失土的清军，在七月下旬抵达雅克萨之后，便决定以长期围困的战略，迫使俄军陷入孤城无援的境地。果然，敌军在被围之后，虽然屡次尝试突破，但全部被清军打了回去，甚至连部队长都在一次突围之中被火炮击毙。后来城中在饮水及柴火日渐缺乏，弹尽粮绝又饥寒交迫的窘境之下，还发生了传染病，使得原有的八百名士兵只剩下一百多人得以存活。就在清军于城南、城北两处搭起高台、架上火炮，准备发动新一波攻击的时候，沙俄政府判断无法再继续防守，只好派出使节前往北京，表示愿意与清廷展开边界的谈判，并请求能撤去雅克萨之围。而北京方面，因为考虑到准噶尔蒙古的领袖噶尔丹近来野心异常，又屡与沙俄人勾结，已对边境造成不小的威胁。为了避免节外生枝，便同意与沙俄展开和平会谈，同时下令暂时停止对雅克萨城所有的攻击行动。

清廷调整总督负责范围

中央政府日前将部分总督的负责范围做了一些调整与合并，目前除漕运总督（运河粮货输送总指挥）及河道总督（治河防洪总指挥）等特殊性质者不计，充任地方大员的共有江南江西、广东广西、云南贵州、湖南湖北、四川陕西、浙江福建等六位总督。总督的品级虽然高于巡抚，管辖的范围也较大，但二者之间并无直接的隶属关系，甚至都可以直接管理地方上的民政、司法及军力，两者之间可以相互监督制衡，只是实际上却常常为了自己的前途而打小报告。

爱评论他人文笔
德格勒当场丢脸

之前侍读学士（侍从官）德格勒不知什么原因，竟在玄烨面前评论起诸位当朝大臣的学问优劣，说谁的学问不如谁，等等。结果玄烨听了之后不太相信，便下令召集尚书陈廷敬和汤斌、侍郎徐乾学、少詹事（侍从官）耿介、侍读学士高士奇，连同评论他人的德格勒等十二名官员，在乾清宫内举行随堂考试。结果大家的表现都不错，唯有之前议论他人高下的德格勒表现太糟，答卷不成诗文，根本连被排等第的资格都没有。

爱评论人的德格勒在随堂考之后成绩难看，当场丢人

玄烨在看完答卷之后说："今天召大家前来面试，优劣可说是一目了然，你们里面千万不要有人只会对他人妄加评论，否则的话就太自不量力了。"而曾经与德格勒互相吹捧，称赞其文章写得很好的掌院学士（翰林院主官）李光地，也因此被玄烨狠狠地批评了一顿。

清廷主动撤军　展现和谈诚意

以重兵封锁了雅克萨城的清军，在五月接获玄烨的指示之后，为了展现和谈的诚意，已主动后撤了二十里。到了七月，沙俄的谈判代表抵达喀尔喀蒙古土谢图汗的领地，玄烨又进一步下令让黑龙江将军萨布素把军队撤回爱珲、嫩江一带，准备正式与沙俄展开会谈。一般认为，清廷积极希望以和平的方式来划定疆界，就是希望能尽量减少双方不必要的军事纠纷，以便专心地对付近年来野心勃勃的准噶尔领袖噶尔丹。

五阿哥由太后抚养　不识汉文心性和善

日前玄烨召集诸皇子在大臣面前诵读经书，以验收每天读书的成果。结果大部分的皇子都能很顺利地朗读汉文经书，甚至可以逐字加以讲解，唯有九岁的五阿哥胤祺默默地站在一旁。于是玄烨便向诸位大臣解释，原来皇太后（顺治的正宫皇后，非玄烨的亲生母亲）没有自己的小孩，为了让她有个伴，便让胤祺从小在宫中陪这位奶奶。但由于皇太后自幼生长在蒙古草原，对格格不入的汉人文化没有什么好感，所以便不准胤祺学习汉文。于是玄烨便破例以读一篇满文当作验收，结果胤祺表现得倒也不错。据记者所知，皇太后小时候虽然在蒙古大草原过着无忧无虑的游牧生活，但同时也大大地局限了其眼界与想法。正因如此，自入宫与顺治帝福临完婚后，便遭到冷落及嫌弃，甚至还被顺治给了个"禀心淳朴，但没有什么长才"的评语。而且由于她未生育子女，顺治皇帝又死得早，长时间以来都很孤独，因此玄烨才把五阿哥送入宫中陪她。胤祺虽然只看得懂满文，又与其他阿哥没有太多接触，但也受到皇太后平和、淡薄的性格影响，养成了心性甚善，不与人争的好脾气。

由皇太后带大的五阿哥胤祺虽然不会汉文，但心性却十分良善

101

【专题报道】皇太子的功课表

记者获得独家专访的机会，带各位读者一窥皇太子胤礽在无逸斋中一天的课程活动。

5:00—7:00 经文背诵。皇太子坐于书桌前，将四书五经中老师指定的章节，依父亲玄烨的规定反复背诵一百二十遍后，把经书交给老师。老师在跪着捧过经书之后，便听皇太子开始背诵。完成后，老师再于新的章节处点上记号，重画下一段的进度，并恭敬地把经书捧还给皇太子，然后才起身退回原位站立。如此反复背诵，一直持续到两个小时后下课为止。

7:00—9:00 皇帝检视学习成果。玄烨在早朝结束之后，会先去向皇太后请安，接着来到无逸斋看看皇太子在之前的课程中是否有认真学习，还当场要求太子背诵经文。结果皇太子表现得不错，玄烨也很满意地离开。

9:00—11:00 书法练习。这时已接近中午时分，皇太子在高温下，继续正襟危坐地拿着毛笔练习书法，然后让老师们传阅观看。只是这时老师们因年老体迈、晨起过早，又在旁边站立太久，加上天气炎热，早就已经体力不支，几乎眩晕摔倒。不过皇太子对此似乎视而不见，一点也没有要让老师们坐下的意思，仍自顾自地练着书法。

11:00—13:00 午餐及经文背诵。侍卫们为皇太子准备午膳，皇太子下令赐给老师们饭食，老师们叩头谢恩之后，终于可以坐下来吃饭，只是手脚都已经开始发抖了。吃饱饭后，胤礽并没有休息，而是继续把书本拿起来，把画记的章节读过一百二十遍之后，再由老师跪着听其背诵。

13:00—15:00 射箭及试讲经文。先由侍卫端进点心并摆放在桌上，在皇太子享用点心的同时，侍卫们已在庭院中安置好箭靶，随后开始练习射箭。射箭课程结束之后，皇太子再次返回室内入座，继续经书课程。这次由老师跪在桌前翻书出题，皇太子则依题目试着讲解，以加深学习之印象。

15:00—17:00 皇帝再次检视学习成果。玄烨再度来到无逸斋，并召诸皇子同来侍读。由老师从书桌上取下经书分别命题，诸皇子则依序进前诵读并试着讲解内容。五阿哥胤祺因为未学汉文，所以只需诵读满文一篇，并圈点清楚即可。

17:00—19:00 皇帝检视射箭成果。侍卫们再次于庭院中安置好箭靶之后，玄烨令诸皇子依序弯弓射箭，以检视大家平时学习射箭的成果。最后由玄烨亲自示范，在连续数箭都命中之后，一整天的操课便画下完美的句号。

康熙在这次狩猎时因严格要求骑术，而导致两名大臣枉死

随驾出巡狩猎　大臣意外枉死

今年秋天，玄烨带领着皇太子胤礽与其他诸皇子，以及许多文武大臣出巡塞外行围打猎。虽然这次的狩猎活动已于九月初结束，但行程之中仍然发生了令人惋惜的意外事故。据闻，随驾出巡的吏部尚书达哈塔本来就不善于骑马，但玄烨在行猎途中却命他以快马奔驰，结果达哈塔就这样硬生生地摔了下来，坠马而死。因随驾出猎而丢失性命的还不止达哈塔一人，汉籍内阁学士吴兴祖也因不善于驰骋而被玄烨严词指责，结果这位满腹学问但骑术不佳的文人官员，虽然没有像达哈塔那样摔到马下，但回来之后却因为忧愤过度而自刎身亡了。

政府减免灾区税金六百万两

前两年有许多地区因为水患、地震等天灾，或是之前因三藩之乱遭累，而获准减免了部分的赋税。今年康熙帝又下令蠲免陕西省及江宁七府等灾区的税额，总数高达六百余万两白银的减免金额更是破了有史以来的纪录。虽然国库的收入因此减少许多，但灾区民众的生活却可以因此而好过一些。

太皇太后辞世　玄烨悲痛吐血

呜……

太皇太后的去世对康熙帝造成极大的打击

自小照顾玄烨，陪他走过最艰难日子的太皇太后布木布泰，已经在十二月二十五日辞世，享年七十五岁。其实在十一月下旬的时候，太皇太后因为心血管方面的旧疾复发，身体便已经一天比一天虚弱。而心系祖母的玄烨每天只要一处理完政务，便会立即赶到慈宁宫，然后衣不解带、寝食俱废地在旁服侍。当太皇太后入睡时，玄烨也总是隔着幔子静候，席地危坐。只要一听到有什么声息，他便立刻趋至榻前，凡是祖母有任何需要的，都双手捧着恭敬地呈进。但由于太皇太后的病情并没有好转，玄烨于是又在宫中设坛祈祷，并在坛前长跪三昼夜。在十二月一日那天凌晨，玄烨还亲率王公大臣步行前往天坛致祭。当时天寒地冻，跪在坛前的玄烨急得

哭了出来，滴泪成冰，还祈求上天减少他本人的寿命以延长祖母的寿命。只是天不从人愿，太皇太后最后还是走了，在接下来的十几天里，玄烨昼夜号哭不止，水浆不入，弄到最后自己也吐血昏迷了。太皇太后一生俭朴，不尚奢华，把一生所有的心思都放在这个孙子身上。她不但在玄烨失去双亲时给他温暖，在鳌拜专权时给他支持，还在平定三藩时把节省下来的银两捐出来犒赏士兵，每逢荒年歉岁时也把宫中的积蓄拿出来赈济，为的只是全力配合并支持这个孙子的事业。正由于祖孙之间的感情如此深厚，玄烨在悲痛之余，也顾不得皇帝不割辫的祖制及祖母的遗旨，而毅然割去自己的发辫（解开发辫，截去发梢寸许以示哀悼），还执意要为祖母守丧三年。虽然大臣们极力劝请皇帝遵照太皇太后的遗嘱，以日易月，二十七日除服，但玄烨却丝毫听不进去。后来是在福全（玄烨之兄）、常宁（玄烨之弟）两位兄弟的极力劝说下，才答应将守丧的日期改为一个月。之后考虑到太皇太后生前"太宗（皇太极，玄烨之祖父）已安葬很久了，不可为我轻动其陵寝，而且我还心系着你们父子，只要把我葬在你父亲的墓陵附近就可以了"的指示，以及满族旧制侧室不与本夫合葬之惯例（皇太极之正宫皇后为哲哲，两人安葬于昭陵），所以选择在东陵旁边修建了暂安奉殿，准备暂时将太皇太后的棺椁安放于此。

年度热搜榜

—— 明珠结党势过大　康熙察觉全拔除 ——

在康熙二十二年（一六八三年）因贪酷骄纵被贬斥的索额图，于前年（一六八六年）复出政坛，并被授予了领侍卫内大臣的要职。而其死对头明珠，则是趁着索额图失势的这一段时间，迅速扩张势力，拉拢了许多朝中大臣，大臣中如有不愿站到同一阵线者，便会屡屡受到排挤。例如刚上任的礼部尚书汤斌，便是因为之前担任江苏巡抚时严词拒绝明珠党羽的索贿而得罪明珠，结果就被明升暗降调到中央，而江苏巡抚这个大肥缺则被换成明珠自己的人以方便受贿。但由于不

明珠在朝中势力庞大，但仍被皇帝给彻底瓦解了

久前直隶巡抚于成龙在玄烨出巡途中，揭发了明珠、余国柱等人结党贪赃之事，康熙帝在回京后便找来少詹事高士奇询问此事，最后终于知道了整个状况。据闻，玄烨还责问说："那之前为什么都没有人劾奏此事？"高士奇只好回答说："有哪个人不怕死呢？"玄烨听了非常气愤，便说："这家伙有当初鳌拜等四辅臣那么强势吗？我要他走，他马上就得给我滚蛋！"于是在今年二月，授意御史郭琇参劾明珠及其党人背公营私、结党纳贿等八款罪状。结果一大群依附明珠的尚书及大学士，都受到革职、解任或强迫退休的处分，权倾一时的明珠党可说是完全瓦解。至于明珠本人，玄烨则念其平定三藩时有功，而给予较宽大的处分，只革其大学士之衔，并交给领侍卫内大臣斟酌任用。

南怀仁病逝北京
外国人首获谥号

来中国活动十九年，继汤若望之后受到清廷青睐的耶稣会传教士南怀仁，在今年初于钦天监监正兼工部右侍郎的任内病逝于北京，享年六十六岁。在他病重期间，玄烨还多次派人探病慰问，并派出御医为其诊治。死后玄烨还特别表示了哀悼之意，不但下令从优给予抚恤，还颁赐谥号"勤敏"，成为来华传教士中唯一得到谥号的人。

抑制歪风
夫死妇殉真烈女
请旨旌表遭拒绝

自古以来便常常有烈女在丈夫死后以死相殉，而得到人们称颂或政府表扬的事迹。但是今年礼部在请旨旌表殉夫的山西烈妇荆氏时，却被玄烨驳回了。后来玄烨也为此公开谈话，说轻生从死是一件反常的事，如果政府加以旌表的话，无疑是鼓励这种自杀歪风，对社会根本没有什么好处。所以从今以后，全国将永远禁止夫死妇殉之类的事情，以免造成更多人的枉死。

康熙帝拒绝表扬为夫殉节的烈女，以杜绝自杀歪风

索额图代表团　奉命议定边界

三月时，代表沙皇的使节团抵达北京，并向清廷提出双方在色楞格进行谈判的提议。在得到康熙帝的同意之后，中央已经命领侍卫内大臣索额图、都统佟国纲（玄烨之舅父）等组成的代表团，率领着八百名护行军兵启程前往谈判地点。在出发前，玄烨还特别面谕索额图，要求在谈判中一定要表明战端是由沙俄所挑起，中国是被逼自卫才动干戈的一方，并收回包括尼布楚在内被沙俄所侵略的所有领土。同时，为免两国因边界问题争战不休，也同意双方在平等的地位上议定边界，并在往后保持正常的外交与经贸关系。

裁军失业起风波
夏包子连陷数城

在面临失业时你会采取什么行动？是自行创业，还是赶快再换个老板？日前湖广地区部队中，一个被人称为"夏包子"的士兵夏逢龙，就因为政府大规模裁军失去工作机会，而采取了激烈的手段来开创他的事业第二春。据闻，夏包子在得知被裁之后，竟然鼓动军中同袍发动了武装暴动，在聚集的人越来越多之后，他还自称总统兵马大元帅，然后率领叛军攻官衙、劫府库，逼得巡抚及布政使都因不敌而双双自杀。由于这些被裁的兵士大部分都是之前征讨吴三桂时的劲旅，战斗经验非常丰富，所以目前这股极速扩张的势力已经连续攻陷了嘉鱼、咸宁、武昌、汉阳等地。

噶尔丹野心外露
喀尔喀首当其冲

就在清廷正要与沙俄展开边界会谈时，蒙古的准噶尔部竟对喀尔喀部发动了攻击，令事情变得更加复杂与棘手。据记者所得到的资料，准噶尔蒙古的领袖噶尔丹自从康熙初年取得部落的领导权之后便露出野心，不断地扩张势力，近来其影响力已扩大到青海与西藏地区。今年，噶尔丹又在沙俄的暗中唆使之下，率领三万精兵，越过杭爱山，渡过土喇河，将目标指向在其东边的喀尔喀蒙古。在经历了三天的激战之后，喀尔喀蒙古部的土谢图汗因不敌而全军崩溃，于是赶紧向清廷求援。玄烨在闻讯之后立刻以老大哥的身份遣使责问噶尔丹，不过老奸巨猾的噶尔丹却非常沉得住气，一面以高规格礼遇接待清廷的使节，一面将所有的战争责任都推到了土谢图汗部身上，使得调停没有任何结果。

虽然康熙对于噶尔丹侵扰邻邦的行为予以责问，但噶尔丹却把责任推得一干二净

政府军迅速出击　夏包子皮破馅流

　　玄烨在得知湖广被裁的士兵夏包子鼓噪抢劫、聚众作乱，并已经攻占武昌的消息后，立刻命都统瓦岱为振武将军，率兵前往征讨，并同时调河南巡抚丁思孔去顶替已经自尽的湖广巡抚，以便稳住局势。到了七月中旬，官军先是在鲤鱼潋一带大败夏包子军，临阵斩杀四千余人，并俘获三百余名叛军，随后又收复汉阳、武昌等地。为首的夏包子被迫退守黄州，但黄州城内的叛军却决定开城献降，结果夏包子便被绑赴官军大营。喧腾一时的兵变事件，也就随着夏包子在军前被当场磔斩，而宣告完全平息。

索额图受阻返京　会谈时地重新商定 ⋯⋯⋯⋯⋯⋯

　　原本奉命前往色楞格与沙俄谈判的索额图使节团，因临时爆发的噶尔丹东侵喀尔喀战事，而被阻断了前进的道路，所以在请示之后已经奉命返回北京。清廷为此已经指派使者前往色楞格向俄方说明中途受阻的原因，并建议对方再次派出代表前往北京，重新商定谈判时间及地点。

年度热搜榜

【康熙二十八年】公元一六八九年

康熙二次南巡　再勘治河工程

年初玄烨又带着三百多名随侍人员，展开第二次的南巡之旅。这次行程的重点仍是巡视河道工程，康熙帝不但对多处的工程当场检视并提出他的看法，还下令蠲免了江南省历年来包括地丁钱粮、屯粮、芦银等各项总计二百二十余万两白银的欠税。而此次南巡时康熙也发现，经过之前已革职的河道总督靳辅十多年来的整治修浚，黄淮两河的河道及出海口都已经疏通完毕，功绩也得到江淮百姓普遍的认同及称誉，这使玄烨觉得自己之前对靳辅革职的处分有点太重了，于是下令让他恢复原来的品级荣誉退休。

官民猛拍马屁　康熙不肯赏脸

虽然康熙帝在南巡之前已经三令五申，要地方官员不必大费周章地来接待他，但是皇帝远道而来，正是表现的大好机会，有谁会不识相地真以平常心对待。所以玄烨一到扬州，便发现各街道巷弄早就张灯结彩，热烈地展现出恭迎圣驾的诚意。玄烨虽然觉得很高兴，但仍然告诉官员这样过于浪费物力，让接下来所要经过的地方，都不要再做这样的安排，以免徒增人民的困扰及支出。只是当船队行至吴江县龙王庙时，地方官仍旧派出了五百艘画舫前来接驾。不过这次玄烨好像不是很高兴，所以并没有赏光乘坐，让官员们碰了个软钉子。而没被赏脸的还不止于此，原本玄烨在遇到民众好意进献礼物时，都会先收下再礼貌性地回赠一些赏赐。但这次在南京时，有一个名叫王来熊的人进呈了一本《炼丹养生秘书》，玄烨却连翻都没翻就把书丢还回去了，还对大臣说这种炼丹长生、预知卜卦的事，全部是胡说八道，是用来欺骗百姓的，千万不能相信。

尼布楚会谈在即　谈判技巧定胜负

在沙俄使节团再次前往北京商议之后，双方已经同意重新将双边会谈的时间定在今年八月，地点则选在尼布楚，而索额图所率领的大清国代表团也于六月启程。据记者所得到的极机密资料，因为噶尔丹目前已经占领了喀尔喀全境，使得蒙古情势发生了重大的变化。同时，也有消息指出噶尔丹与沙俄之间有密切的来往，似乎有南下侵扰的打算。所以玄烨打算在领土上做出重大让步，以便能即时与俄方达成协议，而将全力放在平定噶尔丹的叛乱上。他已经交代索额图，在必要时可以放弃原本要收回的尼布楚、雅克萨等地，以作为让步。不过玄烨同时也再三叮咛索额图，千万不要在谈判一开始的时候就让对方知道底线，应该先提出以尼布楚为界，在不得已的情况之下才可掀开底牌，退让到以额尔古纳河为界。而驻沙俄的记者也传回机密情报，指出由于沙俄近来在欧洲的发展受挫，而内部又有许多问题发生，使得沙皇也想早日与清廷达成协议，所以已于日前传谕谈判代表，将底线退缩到必要时可以让出雅克萨，甚至是尼布楚等地也都没有关系。由于此次谈判双方的底线都可以让对方接受，所以到时哪一方可以谈到比较好的条件，就全靠谈判桌上的技巧了。

一日皇后病故　康熙再次心碎

身染重病的皇贵妃佟佳氏（玄烨的亲表妹，本姓佟，但嫁入皇室之后改成满人的姓氏佟佳以示尊贵）当上皇后仅短短一天，便在今年七月十日去世了。随后其父领侍卫内大臣佟国维便依皇太后之命被晋封为一等公，并准予世袭罔替（原本爵位的承袭每隔一代要降一等，但若世袭罔替的话，则可以一直承袭原有的爵位不被降等）。其实早在康熙二十年（一六八一年），佟佳氏便已被晋封为仅次于皇后的皇贵妃，而当时后位虚悬，依制度皇贵妃便已等同是皇后一般尊贵，并总摄六宫的所有事务。佟佳氏不但对玄烨的所有皇子都视如己出，还亲自抚养四阿哥胤禛长达十年之久。据了解，佟佳氏虽然受到皇太后及玄烨的宠爱，但却迟迟没有被立为皇后的原因，极有可能是玄烨连续两任的皇后都很早就去世了，让他心里有了担心自己会"克后"的压力，生怕万一将佟佳氏立为皇后，会不会又像之前两位那样遭到不测，所以只让她有皇后之实，而没有皇后之名。只是到最后佟佳氏真的已经病危了，玄烨才含泪将她册封为皇后，给她一个应有的名分。这位第三任皇后去世之后，痛苦至极的玄烨已经私下表示终身都不会再册立皇后，会让后位就这样一直空悬着。

索额图底牌尽现
边界谈判陷入僵局

大人，您牌拿反了……

索额图谈判时太早掀开底牌

由戈洛文率领的沙俄代表团，与索额图率领的大清国代表团，八月二十二日在尼布楚展开双方第一次谈判。会议一开始，戈洛文便把战争的起因归咎于大清，并诬指中国未经宣布便突然派兵侵犯沙俄之领土。但索额图则是不甘示弱，当场就予以驳斥，并历数沙俄屡次入侵的罪行，同时强调中国是在屡次警告无效之后才被迫自卫。由于索额图的指证历历可数，终令戈洛文哑口无言。不过，接着俄方便提出黑龙江流域自古以来即为其领土的不实说法，要求两国以黑龙江为界。索额图则是要求其退至色楞格河以西，并将尼布楚及雅克萨一带的土地都归还中国，结果第一天双方未能达成任何共识。次日，戈洛文提出了放弃清军已经收复的地区，但须以精奇里江为界，将包含雅克萨之内的广大领土都划归沙俄的方案。虽然索额图没有同意这一方案，但却误以为俄方已经做出最大的退让，同时又因急于与对方签下协定，所以竟然不留余地地一下子将谈判的底牌都给掀了开来，表示愿意以尼布楚及音果达河为双方国界。此话一出，可真是把戈洛文给乐坏了，因为这样的条件早已超出了沙皇的预期甚多。只是戈洛文仍然继续操弄着谈判技巧，拒绝了索额图的方案，企图从谈判桌上再拿到更多的利益。但由于索额图被授权的范围仅止于此，于是谈判立刻陷入僵局，双方最后不只是闹到不欢而散，甚至连护卫队都已经剑拔弩张。

《尼布楚条约》签订　两国间划定边界

在经过不断的磋商之后，沙俄代表戈洛文终于在九月七日决定撤出雅克萨，双方正式签订了《尼布楚条约》。条约中明定从黑龙江支流格尔必齐河到外兴安岭一直到海，岭南属于大清，岭北属于沙俄，西以额尔古纳河为界，南属中国，北属俄国。而雅克萨地方则归属于中国，沙俄人必须拆毁雅克萨城并迁回，两国人民不得私自越界。但是外兴安岭和乌第河之间地区的归属问题，则仍未确定，待日后再另行议定。评论家指出，虽然大清政府在领土上做出了极大的让步，但同时也收回了被沙俄侵占的一部分领土，并制止了其对黑龙江地区进一步的侵略。同时这款条约的签订，也破解了沙俄与噶尔丹之间的联盟，让清廷可以集中力量来处理噶尔丹问题。索额图等一行人在回国之后，立刻受到玄烨的嘉勉，戈洛文也因为此次谈判的成果远远超过沙皇的期待，而获得了金质奖章作为奖励。

第 三 章

用兵西北　远征草原

（公元一六九〇年～一七〇六年）

▶ 噶尔丹出兵三万
大清军轻进败退

▶ 乌兰布通大胜
噶尔丹兵败夜遁
佟国纲中枪阵亡

▶ 康熙怒革礼部尚书
皇帝父子暗潮汹涌

公元一六九〇年　　**公元一六九三年**　　**公元一六九四年**　　**公元一六九五年**

▶ 皇帝打摆子
御医出乱子
西洋教士献药建功
金鸡纳霜治愈疟疾

▶ 噶尔丹风云又起
三万骑再度扬蹄

▶ 费扬古设伏轻诱敌
噶尔丹兵败昭莫多

▶ 诸阿哥封王晋爵
皇太子备感威胁

公元一六九六年　　**公元一六九七年**　　**公元一六九八年**　　**公元一七〇〇年**

▶ 四处碰壁寻无路
命丧黄泉噶尔丹

▶ 科举制度改革
官员子弟另编官字卷
录取名额不占平民缺

▶ 索额图乞休获准
　太子党面临瓦解

▶ 南巡再启
　亲视河工

▶ 再涉入太子争权
　索额图惨遭圈禁

公元一七〇一年

公元一七〇二年

公元一七〇三年

公元一七〇四年

▶ 太子途中患病
　南巡暂时中止

▶ 晋抚噶礼被控贪赃虐民
　康熙一反常态草草结案

▶ 康熙五次南巡
　一再声明与民秋毫无犯
　玩乐行程增多渐失初衷

公元一七〇五年

噶尔丹出兵三万 大清军轻进败退

准噶尔蒙古的领袖噶尔丹在五月时，以追捕喀尔喀人作为借口，率领三万人的精锐部队，向喀尔喀发动了侵略战争，同时还扬言将要向沙俄借兵以进犯大清国境。康熙皇帝玄烨在收到消息之后一方面积极备战，另一方面立即传谕给在北京的沙俄使者，要求沙俄不得介入这场纷争之中。这时由于双方已经签订了《尼布楚条约》，所以沙俄方面也不敢妄动，故没有派兵去增援噶尔丹。虽然清军已经陆续往前线增调了许多部队及火炮，但是之前便已率军于科尔沁备防的理藩院尚书阿喇尼，在乌尔会河遭遇噶尔丹大军时，竟然没有等待友军就位，就迫不及待地命二百名蒙古勇士主动对噶尔丹发动夜袭，同时又令五百名喀尔喀兵士前往掠夺噶尔丹军的辎重。结果情势发展完全失控，被派去抢夺敌人物资的部队，竟然为了争夺敌军的女子及牲畜，而发生了无法控制的混乱状况。噶尔丹军则是利用这个机会发动了反击，从山上绕出两支部队分击清军本部军团的左右侧，在火炮的齐射之下，清军遭到严重挫败而狼狈败退。玄烨在得知战报之后非常生气，立刻以违命轻战之由，将原本想立下首功的阿喇尼革去议政之位，并降四级调用。

明清宫中支出比较表

玄烨可能是从小受到祖母的影响，不论是吃的、穿的还是用的，其实都非常简单，完全看不出是一个庞大国家的最高统治者。而宫中所用的器物及消耗品，当然也受到皇帝直接的影响，以不浪费为原则。或许就因如此，玄烨在日前才会要求大学士调查明代时期宫中的各项支出，然后和现在的状况做一比较，来凸显两个朝代之间的天壤之别。此举一来可以鼓励臣民节俭，二来也可以让所有人清楚地知道清朝是一个不简单的朝代。以下就是比较表：

每年	宫内岁用	光禄寺提拨	木柴	红螺炭	各宫床帐等	宫殿楼宇	石材	木料
明	白银97万两	白银20万两	2686万斤	1200万斤	白银28200两	786座	临清砖	楠木
清	由内库拨发	白银3万两	700万斤	100万斤	无	70座	普通砖	松木

皇帝御驾亲出征　大军进剿噶尔丹

在与噶尔丹第一次的交锋失利之后，玄烨已于七月初命大军兵分多路，准备以强硬的军事力量迫使噶尔丹就范。其中和硕裕亲王福全被任命为抚远大将军，并以大阿哥胤禔为副手，率主力部队出古北口。又以和硕恭亲王常宁为安北大将军，和硕简亲王喇布、多罗信郡王鄂扎为副手，率第二支部队出喜峰口。其他协同作战的还有出张家口的和硕康亲王杰书，防堵敌军西窜的西安将军尼雅翰，与内蒙古各部、直隶火器营，以及盛京、开原、辽阳、锦州、乌喇等处的兵马。而内大臣佟国纲、佟国维、索额图、明珠等人皆随军参赞军务，军粮及驿站等后勤任务由直隶巡抚于成龙负责。玄烨本人则随后亦率领八旗军起行，准备亲临前线指挥作战。

康熙患病太子冷漠　玄烨心碎返京休养

噶尔丹在早先击溃理藩院尚书阿喇尼之后，又在日前打败了安北大将军常宁的部队，因此气焰更为炽盛，不但口出不把清廷十万大军放在眼里的狂言，更强硬地提出与大清国南北分治。而康熙帝受到的打击远不止于此，就在这次御驾亲征的途中，身体一向强健甚少生病的玄烨，竟突然发起了高烧，为此还特地从京城召皇太子胤礽与三阿哥胤祉前来探视。但是让玄烨失望的是，当皇太子胤礽见到正受病痛折磨的父亲时，竟然十分冷漠并无动于衷。玄烨因此深受打击，没有想到他费尽心思栽培的接班人竟然会比一个陌生人还不如，所以在失望之余把胤礽赶回京师去了。原本想借着父子之间的亲情来疗养身体、振作精神的玄烨，却反而因此身心俱疲，使得病情更加恶化。一直撑到七月二十二日晚上，仍然高烧不退的康熙，终于在众大臣的劝说下返京休养，把对付噶尔丹的重任全部交给他的哥哥裕亲王福全。

太子见康熙生病，竟然没有半点担忧之意

117

尊师重道　官员经文庙一律下马

为了表示对孔子及师道的尊崇，皇帝已颁布谕令，今后所有官员兵士，在经过文庙时不得骑马奔驰，全部要下马牵行，在步行通过之后才准再回到马上。同时也禁止以任何理由，在学校里面放养马匹，这样才能彰显教师崇高的地位。不过听说康熙帝在诸皇子上课时，倒是常常当场让老师难堪，大概是尊师重道的原则只存在于一般的市井之间，而不适用于要跪着给诸位皇子上课的老师身上吧。

乌兰布通大胜　噶尔丹兵败夜遁　佟国纲中枪阵亡

噶尔丹因驼城被清炮火轰垮而溃败逃逸

哈哈……好了，这样就不怕弓箭和子弹了……

那大炮呢！

气势如虹的噶尔丹大军，在七月底时深入到距离北京仅七百里的乌兰布通，与和硕裕亲王福全率领的清军主力隔河展开对峙。一开始，噶尔丹军摆出了驼城的阵式，用绳子将上万头骆驼的脚绑在一起，排列成环状并令其卧地，背上加箱垛，箱垛上又披覆一层湿毡，士兵们则躲在箱垛后面从空隙发射枪矢。八月一日，虽然清军凭借着炮火的优势，对噶尔丹军展开了猛烈的轰击，但是清军本身也因敌军的还击而受到极大的损伤。后来都统佟国纲与其弟佟国维，冒着敌人火力率领左翼部队及火器营进击，与敌军激战到黄昏时分。佟国纲于混战中因单骑出于部队之前，而被敌军以鸟枪击中头部，当场毙命。但噶尔丹军的驼城最后也因为卧驼全数死于炮火之下而被突破，此时佟国维便率清军步骑蜂拥而上，与敌军展开肉搏血战。于是噶尔丹军大败溃散，兵士损失惨重，就在命悬一线之际，原本应该与左翼一同夹击的清军右翼，却因为渡河时被泥淖所困，而未能即时进击，最终被噶尔丹趁着夜色率领残余部队从缺口逃走。由于当时天色已晚，所以清军只能下令暂时收兵。身在北京的玄烨在接到福全战胜的奏报后，高兴得立刻传旨表示嘉奖，并下令大军应该马上发兵堵剿，务必掘其根株，勿留余孽。

118

不畏辛劳
康熙坚持每早问政

　　由于玄烨大病刚刚痊愈，有官员觉得皇帝每天一大早就要御门听政，实在是太过辛苦，便建议将早朝改成三天或五天进行一次，以免皇帝过于劳累。但玄烨已经明白表示，自从登基近三十年来，每天一大早听政，面见诸臣、咨询得失，对他来说早就已经习以为常了。如果现在只是为了能轻松一点就改变的话，恐怕不是励精图治、让事情始终如一的正确态度。评论家认为，玄烨这种勤政的精神，与明朝皇帝动不动就几十年不上朝，甚至连大臣的面也没见过的态度，可谓形成强烈的对比。

康熙帝清晨临朝听政的习惯数十年如一日

裕亲王误判停攻击　噶尔丹逃走留祸根

　　虽然玄烨已经下达继续进击并一举剿灭噶尔丹的指令，但坐镇前线的和硕裕亲王福全在接获这项旨意之前，因见噶尔丹军据险坚守，所以早已下达让将士们停火休整的命令。随后又因噶尔丹屡屡遣使表示罢兵修好之意，而向各路军下达暂停攻击的指令。结果噶尔丹在摆出低姿态，假装与福全求和的同时，其实早就暗中率军从乌兰布通北撤，渡过西喇木伦河，越山奔逃而去。为防止清兵的追击，噶尔丹还在沿途焚烧草地阻挡。康熙在得知噶尔丹受到重创竟然还能逃脱的消息后十分愤怒，因此下令罢去福全、常宁的议政之位并罚俸三年，福全同时还被撤去属下的三佐领。内大臣索额图、明珠、苏努等人亦被罢去议政之位，其余被追究责任的官员也受到革职、降级或罚俸之处分。唯有火器营及左翼交战将士，因战前表现英勇而叙头等军功。稍后在召开检讨会时，玄烨也指出乌兰布通之役之所以会受到重大的损伤，都是因为士兵排列得太密、太容易被敌军的鸟枪给打中。而且因为兵士久未习战，平时训练不足，使得在临敌对阵时行动不协调，所以也要求八旗官兵加强训练，并扩充火器营以提升火力。

年度热搜榜

京城警备事务　归权九门提督

　　原本北京城内的治安是分别由掌管内城的步军统领，以及负责外城的巡捕三营来负责的，在遇到盗案发生时，常常有因统辖权不一而难以查缉的情况。为了能够彻底解决此一问题，中央政府已于日前做出重大调整，将原本隶属于兵部督捕衙门的巡捕三营管辖权，以及都察院、五城在京城内所管事宜，全部移交给步军统领来管理，并换给"提督九门步军巡捕三营统领"的印信，简称为"九门提督"，以掌管北京内城九座城门（正阳门、崇文门、宣武门、安定门、德胜门、东直门、西直门、朝阳门、阜成门）内外的守卫和门禁，以及负责巡夜、救火、保甲、禁令、缉捕等任务，同时扛起守卫京城的重大责任，成为皇城的第一道防线。

噶尔丹力量大减 蛰伏待卷土重来

　　在乌兰布通遭受重创并脱逃的噶尔丹，目前已转往青海，随后进入土谢图汗部的游牧区，并往达科布多方向逃窜而去。目击者表示，由于沿途粮食极度缺乏，造成人员及牲畜大量的死亡及散失，目前噶尔丹手下的兵士，仅存数千人。不过评论家也指出，千万不能小看噶尔丹在蒙古地区的影响力，如果清廷不能将其势力彻底拔除的话，用不了多久，噶尔丹便会卷土重来。

字迹过于潦草
考生无缘功名

在今年举行关系着考生未来前程的殿试时，玄烨突然询问大学士王熙，在此次考试中有没有人文章写得不太好的。王熙回答说："文章方面都还可以，倒是其中有一张考卷字迹有些潦草。"于是玄烨就叫人把那份姓名已照例弥封的答卷拿来检阅，结果上面的字迹真的是令书法造诣不错的玄烨摇头不已，并当场指示说："这字迹实在是太糟了，根本像是个初学书法的人。把这个考生刷掉吧，让他下次再来。"还听说有些书法不怎么好的官员，在皇帝看了其奏折不久后便被冷落。看来，要参加考试的考生们还是得先把书法练好比较重要。

嗯……这种新的符咒连贫道也没看过呢……是哪位高人画的呀？

是我这次考试交出去的卷子啦……呜……本来已经上榜了。

这次的科举考试有人因为字迹潦草而被皇帝直接刷掉

康熙会盟喀尔喀部　化解纷争编旗管理

由于之前喀尔喀蒙古受到噶尔丹的侵扰，继而引发内部纷争，使得两翼之间闹得僵持不下。为了妥善处理此问题，玄烨特别亲率八旗官兵出塞，于五月初与喀尔喀部及蒙古其他各部会盟。虽然喀尔喀部已和清廷建立了九白之贡（以白驼一、白马八的规格进贡，表示誓盟臣服之意）的臣属关系，但其领袖土谢图汗等人，却未曾有机会亲自在御前展现其归顺之动作。此次会盟，土谢图汗与三十五位台吉（蒙古贵族）受召入帐朝见，在行完三跪九叩之礼后，分别被授予郡王、贝勒、贝子等不同的爵位，并当场获得设宴赐酒、银缎茶布等奖赏。玄烨这次的会盟行动，不但化解了喀尔喀左右翼之间的纷争，还将喀尔喀部照蒙古各部之例，编为旗队，给地安插，使清廷对于喀尔喀的管辖进入了制度化的阶段。

【专题报道】科举考试

在当代要想成就功名，除非你是王公贵族的子孙可以承袭爵位，否则就要靠科举一途来获得任官的机会。不过在参加正式科考以前，可得先通过"生员"的认证以获得赴考的资格。要想取得生员资格，第一种方法是以通过皇帝特许的"恩监"，或因长辈功勋而得的"荫监"，或是捐钱拿到的"捐监"来进入国子监成为监生。第二种大部分读书人所采取的正式途径，则是通过称为童试的县、府、院三级考试，而取得"生员"（秀才）的资格。要成为秀才，考生必须先通过由各知县（地方行政长官）所主持的县试，再通过在各府举办的府试而成为童生，然后才可以参加院试。通过院试的就成为生员，其中成绩较好的为"廪生"，可以得到公家按月发给的粮食，而第一名者还被特别称为"案首"。而若得到提督学政推荐的，还可以保送到国子监成为贡生。不过与其他杂途出身的监生不同的是，贡生被视为由正途所出，不但是一种荣誉，考取功名之后的发展也会比监生好。

嗨！同学们，我是推甄进来的"贡生"，大家好！

我是靠爸一族的"荫监生"。

我是靠钱一族的"捐监生"。

我们都是多元入学方案进来的呢……

政府设有许多不同的管道以取得"生员"的资格

具有"生员"资格的人便可以参加三年一次（遇皇帝喜庆会额外加开"恩科"），在两京及各省省城举行的乡试。乡试每次连考三场，每场三天，每个考生都会被分配一间贡院（乡试考场）内的独立"号舍"（小间考房），考生在提着装有各种用品及食物的考篮对号入座后，贡院大门便关上。在三天的考试期间，吃喝拉撒睡都得在号舍内进行，考生不得离开。乡试中榜的考生称为举人，便具备了当官的基本资格，而其中第一名者特别称为"解元"。只是随着考试层级的提高，录取率也越来越低，连考二三十年不中，满头白发的"童生"也大有人在。

通过乡试的举人，可以在次年二月赴京参加由礼部在京城贡院举行，同样是连考三场、每场三天的会试。如果又中榜的便成为贡士，其中第一名特别称为"会元"，而所有得到贡士资格者，都可以参加同年四月由皇帝主持，在紫禁城内保和殿举行的殿试。殿试只考时务策问，考试时间为一天，日暮时会由受卷、掌卷、弥封等官员收存，然后交由读卷官八人轮流传阅，并在卷上画上代表优劣的记号，最后得到最多"○"的前十份进呈给皇帝，由皇帝决定最后的名次。其中前三名为一甲，分别为状元、榜眼及探花，都赐"进士及第"（偶有在三场考试中都拿下第一名，身兼解元、会元、状元的天才，就是所谓的"三元及第"）。而获得第二甲的人数约为参加殿试者的三分之一，都赐"进士出身"。剩下的便都是第三甲，赐"同进士出身"。原则上参加殿试的考生都会中榜，不会再有人落第，除非你真的书法太差被除名。也就是说，殿试最主要的目的是排出最终的名次，而这名次一旦钦定之后，就代表你的科举之路已经结束，不能再重考一次来提高名次。

　　进士一甲的三人在殿试之后便会授职，其中状元一般会授翰林院修撰（负责典簿编修校注的官员），榜眼、探花一般会授翰林院编修（负责记载的官员）。另外会从二、三甲的进士中，选出若干个年轻且才华出众者，称为庶吉士。庶吉士可在翰林院中见习三年，然后在下次会试之前"散馆"，也就是进行期末考核。通过的可以留馆，并被授予编修或检讨（负责文书校注的官员）等职，未留馆的庶吉士则和之前其他人一样，分配到六部去实习主事（各部门低级官员）或御史。而修撰、编修等的职等品级虽然不高，但翰林院一向被视为中央高级文官的储训所，在皇帝面前也更容易有表现的机会，日后往往在官途上都会被任以要职，甚至成为皇帝身边的红人。

会盟过程独家记录　气势无双各部臣服

在这次与喀尔喀的大会盟中，康熙帝摆出了气势惊人的大阵仗，令前来与会的蒙古各部无不对大清国的实力慑服不已，更加坚定了蒙古与清廷之间密不可分的关系。据随行记者表示，环绕在皇帝御帐附近的是由其亲领的上三旗亲军，而八旗军的两个前锋营、十个护军营、四个火器营则环卫于外。之前已蒙诏而来的蒙古四十九旗，与喀尔喀等部则都屯驻在御营之外五十里待命。在蒙古各部领袖获诏进入御营封爵赐宴之后，康熙皇帝又大阅八旗军容。其间官兵依次列阵、鸣角，在统一的号令之下鸟枪齐发，声动山谷，

向蒙古诸部展示了雄厚的武力。接着玄烨更是身穿甲胄跨镫上马，当场表演了骑射之术，结果十发九中，赢得在场人士的惊叹与喝彩。第二天，玄烨又与土谢图汗及各部落首领一起巡阅喀尔喀蒙古的营寨，还赏赐银、布等物品给其中较为穷困者。最后在蒙古四十九旗，以及喀尔喀蒙古各旗的跪送之下，才启行返回京城。玄烨于事后接受采访时表示："从前秦、汉兴土石之工来修筑万里长城，我现在则施恩给喀尔喀，将其纳入我方的边防力量之中，这种方法可是比建长城还要来得坚固有效。"

康熙在众人面前展现精湛的骑射技术，令参与会盟的蒙古各部王公惊叹不已，尽皆臣服

年度热搜榜

皇帝亲授新知　众臣大开眼界

今年开春才逢初四，玄烨便把大学士及各部门首长都宣召到乾清门，将自己学会的一些新知识与大臣们分享。其中谈到了声音分成八度，循环相生，每八个音之后就又会恢复成本来的那个音。还提到直径为一尺的圆形，不用测量就可以知道其圆周是三尺一寸四分一厘多。另外玄烨也神气地告诉大家，通过测量水闸口的阔狭大小，以及每一秒流过多少水，便可计算出一整天的流水量。诸如此类的问题，让从未接触过音律及数学原理的大臣们，全部开了眼界，直呼不可思议。

康熙亲自向大臣讲解科学新知

西洋教会禁令解除　国人准许信奉天主

在康熙八年（一六六九年）因历法之争而被禁的天主教，终于在今年得到皇帝的谕令开放。据政府发言人表示，由于皇帝认为西洋传教士在编修历法、制造火炮上对国家贡献颇多，而且在随征沙俄时亦有不错的表现，并无任何为恶乱行之处，可见之前将西洋所传之教列为邪教而禁止，实在是有点无辜，于是下令照旧留存各处的天主教堂，准许百姓自由供奉，不必再行禁止。

官员隐匿灾情遭革职　中央紧急应变救灾民

去年（一六九一年）陕西省的西安、凤翔二府因为遭逢大旱，导致大批生活无以为继的灾民四处流亡，移动的范围远及湖广、河南等地。这么大的事情，地方官员不但掩饰不报，还谎称灾民都已经得到安置及照顾。后来玄烨在辗转得知实情之后，十分生气，便下令将川陕总督葛思泰革职留任、陕西巡抚萨弼图革职。同时命山西省立即提拨库银十万两给陕西应急，又从襄阳紧急运来十五万石米散给灾民食用。然后又让户部在四月时，拨款白银一百万两给陕西作为军需及赈济灾民之用。目前就记者所知，大部分的灾民都已经得到妥善的安置。

属下谎报　黔抚误信　发兵镇压起义　千余苗民枉死

贵州发生官员勒索百姓遭反抗，而竟向上级谎称民众暴动的事件

贵州地区爆发政府误杀一千多名百姓的丑闻，虽然相关人员已经受到惩处，但无辜百姓的生命却已无法挽回。根据官方消息，之前贵州巡抚卫既齐因误信黎平知府张潋、副将侯奇嵩的谎报，以为古州的苗族百姓不但隐匿罪犯还杀官拒捕。为免民众起义的情况更加严重，卫既齐于是决定发兵进剿，结果一千一百余名苗人在镇压过程中丧失性命。事后卫既齐发现这起事件根本是个大乌龙，苗民之所以会起来反抗，其实是因为张潋等人派兵强索财物引起。但一切为时已晚，已酿成大错的卫既齐只好再上折奏明此事。结果原本在山东布政使任内多有表现、前途看好的卫既齐，却因为一时的轻率失察，而夺去一千多条人命，自己也被遣戍（发配充军）黑龙江。

康熙为防止噶尔丹卷土重来，特别在玉泉山举行军事演习以加强战备

玉泉山军事演习

由于听闻之前遁逃的噶尔丹又开始蠢蠢欲动，大有死灰复燃的迹象，玄烨认为不久之后，噶尔丹势必卷土重来，而政府必须为此及早准备。于是下令建立火器营，并于日前在北京的玉泉山上亲视操练，以准备在噶尔丹再度东侵时加以重击。阅兵期间，八旗前锋、护军、骁骑、火器诸营的士兵都全副武装，分左右两翼列队。火器营操演大炮之施放，骑兵、步兵则是齐放鸟枪，以各种队形及射击法分批操演。军演过程中，整体军容壮盛，进止整肃，深得玄烨之赞许。最后玄烨亲着甲胄，在乘马遍阅各营的演习之后，亲自发弓射箭，连续十箭都命中标的，为此次演习画下完美的句号。

靳辅复职后病死任所　河督任内贡献获肯定

由于接替靳辅的河道总督王新命被人举发有勒取库银的情事，玄烨在详细考虑过数个人选之后，还是决定把熟悉河务的靳辅给官复原职。而靳辅在重新上任后，又提出许多的治河方案，让一切很快地都进入了轨道。只可惜他身体不好，加上工作负担又重，使得健康状况越来越糟。靳辅知道自己快不行了，便连上了好几道奏折提出后续治河的建议，随后于十二月病死在任所。据了解，靳辅为官清廉，除应得的俸禄外，对于治河公款可说是分文不取，工程中的开支无论大小更是都详细记载，也时常亲临施工现场监督指挥，因此得到治河民工和百姓一致的认同与称赞。只是他对于如何整治河川本来是个门外汉，所有关于治河的事务，都是向幕宾（师爷）陈潢请教来的。十多年来，河道整治工程能有如此的成果，在幕后规划张罗的陈潢可说是功不可没。而靳辅在之前康熙南巡时，也向皇帝推荐了这个一直在旁协助他的幕宾，但可惜的是陈潢在当官没几年之后，便因他事被弹劾而革职逮问，并于入狱之前病死了。

皇帝选妃？　江浙百姓急婚配
乌龙一场！　光棍一族乐成家

　　之前不知道什么原因，在江浙地区突然传闻说朝廷要派大学士索额图及明珠前来选妃，结果造成极大的恐慌与骚动。所有人都因为害怕自己家的女儿被选入宫中，而开始疯狂物色对象。不管对方的贫富、年龄，也顾不得什么传统的风俗礼仪，只求能尽快帮女儿成婚。结果在过了二十几天之后，证实根本没有什么选妃的事，一切都只是空穴来风而已，才使得这种匆忙寻找婚配的疯狂行动，慢慢地平息下来。不过，倒是那些原本条件不佳、娶不到老婆的光棍一族，因此事件而得以"脱光"了。也有人开玩笑说，这次的假消息八成是这些光棍为了能成家所放出的呢。

年度热搜榜

【康熙三十二年】公元一六九三年

皇帝打摆子　御医出乱子
西洋教士献药建功　金鸡纳霜治愈疟疾

今年夏天，玄烨不慎感染正疟（也称打摆子，就是疟疾。一种经蚊子叮咬而传染的疾病，患者会忽冷忽热），经御医反复治疗竟然毫无起色。其间御医孙斯百等还一度误用人参，导致病情加剧，后来是玄烨自己觉得不对劲，决定停用人参后病情才稍微稳定一些。就在群医束手无策时，刚好前来清廷供职的法国传教士洪若翰等，带来治疗疟疾的特效药"金鸡纳霜"（奎宁），并建议玄烨服用。但由于清廷对此药方完全没有概念，皇太子胤礽担心会有意外，所以极力劝阻玄烨不要贸然服用。在经过三个疟疾患者试用后证明有效，而且没有副作用之后，索额图等大臣便立即奏报此项人体试验结果。但皇太子依旧不放心，而索额图等人为表忠诚，便立刻自告奋勇请求试服。于是在皇太子亲调药剂让众臣试服而安然无恙后，玄烨才服用这帖从西洋传入的"金鸡纳霜"。没过多久，康熙的病也因此痊愈。而立下大功的传教士洪若翰，则因此得到赐地于西安门并准予建教堂的嘉奖。至于误用人参的御医孙斯百等人，则因罪行重大而被司法单位拟予处斩。虽然最后玄烨没有批准这项判决，但这些不中用的御医最后也被处以杖责二十大板，并被勒令永不许行医。

算了……就用你们西洋的什么"金鸡独立"试试看吧……

是"金鸡纳霜"。

不然参考土方法，拿"鸡屎白"给皇上解毒好了……

怎么办？都没效……

由于御医束手无策，感染疟疾的康熙也只好冒险服用传教士所带来的新式西药

129

日本船遇风灾　清政府伸援手

今年九月，有一艘搭载着十二名日本籍船员的船只，因为在海面上遭遇大风浪而漂到广东。经过两广总督的奏报之后，玄烨已于日前下令，为这些可怜的难民提供所需的人道援助。大清政府不但无条件地提供衣服以及粮食，还派人将他们护送到浙江，让他们得以自行回国与家人团聚。

政府赈济减税　造福受灾难民

据川陕总督佛伦回报，去年（一六九二年）因为大旱、饥荒而流离失所的陕西灾民，在襄阳米运抵并以平价贩卖，以及由户部贷给银钱买米的商人将米粮运到西安发售之后，生活都已经逐渐安顿。加上今年小麦的收成甚好，所以二十几万流离失所的难民目前都已陆续回归故土重新耕种。不过，玄烨也认为今年虽然西安、凤翔丰收，但因去年荒灾，所以人民暂时还没有任何的储存，于是决定免征今年的钱粮。明年的钱粮虽然要恢复征收，但丁银（人头税）的部分则可以再免征一年。而广西、四川、云南、贵州，以及顺天、永平、保定、河间四府明年的税金，也同时被蠲免，让百姓可以过一个好年。

130

年度热搜榜

【康熙三十三年】公元一六九四年

康熙怒革礼部尚书　皇帝父子暗潮汹涌

礼部尚书沙穆哈因为拟定皇家祭礼时的一些细节惹怒皇帝，已于日前遭到革职。据了解，沙穆哈是在拟定祭祀奉先殿仪注时，把原本应该放在槛外的皇太子跪拜用垫，给移到与皇帝同在的门内而惹祸上身。由于依此规划，皇太子的地位便显得与皇帝没有什么区别，所以玄烨在看到礼部所进呈的这份报告后不太高兴，便将沙穆哈叫来，指示他应将皇太子的拜垫放在门外才

丢！

谁准你把太子的垫子放到里面来的啊，等他当了皇帝再说。

祭礼时垫子摆放位置的问题已经引发皇帝与太子之间的紧张关系

对。原本这件事这样也就算了，但不长眼的沙穆哈竟然请示将皇帝的口谕记载在档案之中。原来，皇太子胤礽因为一开始就被指定为接班人，所以身边依附的大臣越来越多，大家都生怕哪个地方得罪了这个未来的皇帝，而在他继位之后遭到清算。玄烨当然也清楚沙穆哈之所以会如此，是怕将来皇太子登基之后，会责怪沙穆哈在拟定典礼仪注时对其有藐视之意，所以才想先求个保命符。没想到此举反而激怒了现在还坐在宝座上的当朝皇帝，认为这样的做法是存有二心，所以在震怒之下便将沙穆哈给革职了。资深分析师表示，皇帝与皇太子虽然亲为父子，但自古以来，便存在权力的分配与斗争问题。随着皇太子的脚步逐渐站稳，将会有越来越多的大臣争相依附到储君身边，并与当朝皇帝形成两个集团。历史上皇帝被太子逼迫退位，或被杀死的事件可说是层出不穷。玄烨应该也是嗅出了这个潜在的危机，所以才打算开始压制皇太子的势力。依目前的情况来看，皇帝父子之间已是暗潮汹涌，随时可能爆发进一步的冲突。

刑部判死被退回　皇帝细察救小民

四月时，一份由刑部拟定的死刑判决，被康熙帝以轻率将人判死为由遭到严斥，并被退回要求重新审理。据记者的深入了解，本案被告原是因为殴死其兄长而被处以重刑，但玄烨在批阅时发现，刑部的复审竟然只采取对被告极为不利的供词，而把原有供词中关于犯案缘由的部分全数删除。玄烨发现，其实整起事件的经过，一开始是因为被告的兄长暴恶，与父亲发生争执而先被其父砍伤，最后被告介入而误伤其兄致死。而刑部复审时，这等人命关天的大事，竟然只有满汉各一名官员参与。由于整个过程实在太过于轻忽而粗糙，所以康熙才会下令要求重审。虽然皇帝在本案件中适时地扮演了公正裁决的角色，但也有法律界人士认为，以目前的体制而言，皇帝可说是司法机关的最高裁定者，其至高无上的权力，可以在最后关头阻止不少司法人员的不当判决。但也正因其至高无上，完全不受制衡，所以要是皇帝自己有意或不小心制造冤假错案的话，对司法及人民所造成的伤害将会更大。

太监殴人致死　康熙速批死刑

虽然前两个月才刚刚有人因为皇帝未批准死刑而被救回一命，但似乎并不是所有人都那么幸运。日前，太监钱文才因殴死民人而被拟以绞刑并等候处决的案子，玄烨便立刻予以批准，而且还特别交代大学士到秋审时绝对不可放过，一定要让他伏法。根据玄烨的说法，

只要是太监犯罪，不但不能宽宥，反而还要加重治罪。因为在太监这个群体之中，大部分都是一些生理、心理不健全的人，若不严加看管的话，等到其势养成将难以处置，可能演变成像东汉、唐朝、明朝因太监弄权而导致亡国的悲剧。或许玄烨说得一点也没错，但试想，把这样的一大批人留在皇宫之中，然后又担心他们会在身边弄权，这也是很不可思议的吧。

年度热搜榜

【康熙三十四年】公元一六九五年

—— 山西地震灾情严重 清廷救难发放抚恤 ——

今年四月，山西平阳地区发生大规模的地震，不但境内房屋全部坍塌，还造成人员重大伤亡，灾情可说是十分严重。而玄烨在闻讯之后，便立刻派户部尚书马齐赶赴平阳，会同山西巡抚噶尔图一起处理赈灾救难的所有事宜。并指示灾区除了免征本年度的钱粮税金外，每个死亡的成人都发给抚恤金二两白银，未成年者七钱五分，存活下来的灾民每人也各给二两，预计光是发放的赈银就将动支十二万六千余两。同时，为了避免有歹徒趁乱行抢，也命总兵率兵严加巡逻以维护灾区的治安。不过，身为灾区地方首长的山西巡抚噶尔图，似乎并没有把灾民所受到的苦难放在心上，只到灾区停留数日之后，便将所有赈济事务弃之不顾，擅自回到省城中那个安适的窝里去了。玄烨在得知地方官员竟然是这种事不关己、漫不经心的态度之后，已经立刻将噶尔图处以革职。

噶尔丹风云又起　三万骑再度扬蹄

夏秋之际，蛰伏多年的噶尔丹又亲率三万骑兵，沿着克鲁伦河进入巴彦乌兰对喀尔喀部进行劫掠，并再度扬言将借沙俄的六万鸟枪兵大举内犯。玄烨在闻讯之后，紧急召开会议商讨对策，其间虽然大部分的文武官员都认为此时不宜出兵，但玄烨却力排众议，认为噶尔丹违背誓约、恣行狂逞，若不剿灭则边陲之地无一日安宁。虽然于

塞外用兵一定会遭遇黄沙连绵、取水不易，且运粮艰苦的种种问题，但为了防堵噶尔丹军趁机内犯，还是必须发兵远征。于是玄烨下令京师原先就已预备好的二支武装部队，以总兵力八千三百八十二人的规模，在八月下旬陆续出征，同时令喀尔喀诸札萨克（清廷对蒙古部落的编旗组织）内移以避战祸。不过，到了九月时，因为情报显示噶尔丹军已经往土喇河一带移动，暂时应该没有内犯的可能，所以玄烨又将部队召回，准备重新拟定更周密且全面的作战计划，以彻底解决噶尔丹问题。

年度热搜榜

玄烨亲领十万大军　兵分三路征噶尔丹

玄烨在去年（一六九五年）十一月与相关部门研议之后，决定了征剿噶尔丹的战略计划。然后在今年二月，让皇太子胤礽留守京师，自己则在众皇子的陪同下，调集了十万大军，兵分东、西、中三路，御驾亲征噶尔丹。东路由黑龙江将军萨布素率领东北兵沿克鲁伦河前进，西路军由抚远大将军费扬古统率陕甘大军从宁夏出发。由玄烨亲领的中路军，除了皇帝所在的御营外，还有二营的八旗前锋军，十六营的八旗护军及骁骑、四营的八旗汉军，以及二营的左翼察哈尔兵，与各一营的宣化、古北口绿旗兵，再加上随行的部院大臣。随军诸王及皇子则分别被派到八旗各营坐镇，其中镶黄旗为七阿哥胤祐、正黄旗五阿哥胤祺、正白旗信郡王鄂扎、镶白旗恪慎郡王岳希、正红旗四阿哥胤禛、镶红旗三阿哥胤祉、正蓝旗显亲王丹臻、镶蓝旗康亲王杰书，浩浩荡荡往蒙古大漠进发。

> 嘿！老弟，有没有带泡面，借一下……都快饿死了。

> 不行啦！吃泡面一下就被皇阿玛抓包了……我这有巧克力，要不要？

康熙要求自己与诸皇子都和兵士们一样，严格遵守一天一餐的规定

康熙要求诸皇子露宿风餐赢军心

这次参与出征的诸皇子被玄烨要求，途中都与士兵们一样露宿风餐，不得享受任何特殊待遇。据随军记者观察，有一天玄烨发现内务府官员违反禁令，在清晨大军出发前生火为皇子准备餐食，便立刻下令将违规者依法严办，并训斥所有官兵必须遵守命令，包括众皇子都不得例外，连他本人都遵守着每天只吃一餐的规定。另外，在行军途中，只要遇到下雨，玄烨在抵达宿营地之后，也从不先进入早就为他准备好的帐篷，而是与诸皇子及所有将士一起站在雨中，等所有士兵的帐篷都搭好之后，才和众人同时进入各自的营帐休息。

西路军会师误期　噶尔丹闻风窜逃

原本预计在四月下旬与中路军会师的费扬古西路军，因为在跨越戈壁沙漠时意外遭遇大风雨，骤降如隆冬的气温不但造成许多马匹倒毙，还延误了与中路军会师的日期。但是由于玄烨亲率的中路军在收到报告后，已经快要逼近敌军了，所以只好临时改变作战计划，一方面催促费扬古的部队尽快赶来，另一方面想办法拖住噶尔丹。在行至克鲁伦河，并已确实侦知噶尔丹大营所在之后，玄烨立刻派人带了敕书前往敌营，要求噶尔丹前来约盟。噶尔丹没有料到玄烨竟会真的大老远率兵亲征，所以在见到使者后吓了一大

跳，立刻跑到山上遥望以探究竟。结果他远远看见御营中高挂龙旗，四周有帷幕搭成的皇城，其外又有网城，军容壮盛，真有如天兵降临。自知实力悬殊的噶尔丹立马回营，并传令所有部队连夜拔营遁逃。第二天，玄烨发现噶尔丹军已连夜逃走，便亲率前锋营精锐前往追击，一直追到拖讷阿林都不见敌军踪影才放弃。最后玄烨命领侍卫内大臣马思喀为平北大将军，带着二十日的口粮，率领轻骑往巴彦乌兰方向继续追剿噶尔丹，并与费扬古西路军会合。

大军班师
玄烨要太子差人送衣物
以解老爸途中思子之情

玄烨在派出马思喀继续追击逃走的噶尔丹部队后，决定结束亲征，让中路大军先行班师。而在回程途中，随军记者还发现一件事，就是玄烨真的很疼爱他的儿子。由于这次御驾亲征，皇太子胤礽受命在京留守。在父子分开三个月之后，玄烨便难忍思子之情，在归途中特别写信要胤礽把穿过的衣物差人送来，还特别叮嘱一定要拣选太子穿过的，这样他在路程中思念太子时便可以穿在身上。不过对于送去的衣服要如何保持干净，同时又能保有令人感到温馨的亲子味道，就令当差的人感到头疼了。

康熙为解思子之情，特别要太子差人把衣服送来

费扬古设伏轻诱敌　噶尔丹兵败昭莫多

噶尔丹因妇女及辎重部队被清军突击而大败

噶尔丹在连逃五日夜之后，原本以为已经摆脱了清军的追击，没想到眼前竟又蹿出一路追兵。不过噶尔丹看到这支部队竟然只有三四百人，便亲领精骑万余前往迎敌。而人数居于劣势的清军果然不断败退，噶尔丹也一路追到了昭莫多。但就在此时，山上的制高点却突然出现费扬古的大军，并对深入的噶尔丹军展开夹击。原来之前西路清军在收到皇帝催促前行的命令之后，历尽艰辛，加快速度行进，到了昭莫多时，便远远发现一万多名的噶尔丹军，正朝此疾驰而来。但费扬古反观自己的部队，兵皆饥疲，战马也因力乏而无法再奔驰进击，于是当下便决定改采以逸待劳之计，先于山上寻找有利位置列阵，并沿河布防，再将骑兵主力隐藏于树林之中设下埋伏。随后他便命四百名前锋军出去，将噶尔丹部队诱入圈套之中。只是事情虽然照着费扬古之计顺利进行，但是噶尔丹所亲率的也是其最精锐的骑兵部队，所以一时之间双方铳弩齐发，杀得天昏地暗，一直到日暮时分都还未能分出胜负。这时，人在高处的费扬古及部将孙思克，发现敌后有一批人马始终未动，研判应该是妇女及辎重部队，便急令沿河的伏兵分两路出击，其中一路横入敌阵，另外一路则直接袭其辎重。于是清兵上下夹击，噶尔丹军瞬间溃败逃散，清军则是连追三十里才让噶尔丹仅在数十骑护卫之下狼狈逃走。此役共计斩杀噶尔丹军两千余人，俘三千余人，获马驼牛羊器械无数。更重要的是，噶尔丹的精锐骑兵在此役中被全数歼灭，再也无力与清军继续对抗。

五世达赖圆寂多年　桑结嘉措密不发丧

清军大败噶尔丹军于昭莫多之后，从大量的战利品中发现西藏第巴（地方行政长官）桑结嘉措与噶尔丹之间的往来文件，又从战俘口中拷问出五世达赖喇嘛其实早已于康熙二十一年（一六八二年）圆寂的消息。原来，噶尔丹早年时曾在西藏出家，并以五世达赖喇嘛为师，和桑结嘉措可说是同窗旧识，也是这个因缘，才成了两人之后结盟的基础。在十几年前五世达赖喇嘛圆寂之后，桑结嘉措为了能继续独揽大权，不但密不发丧，还找来一个长得和达赖喇嘛很像的人，穿上他的衣服坐在宝座上，然后对外宣称达赖"入定"，并由桑结嘉措全权处理一切事务。桑结嘉措为了能更加巩固自己的势力，还暗中与噶尔丹往来勾结，然后以达赖喇嘛的名义派出济隆活佛作为噶尔丹的帮手。玄烨在得知这起阴谋后，已经派人前往西藏告知班禅喇嘛这些事情，同时也敕谕谴责桑结嘉措的种种恶行，并令其于期限内回复。

桑结嘉措为了继续掌权，一直隐瞒达赖喇嘛的死讯

老将军雄镇秦关　孙思克获赐殊荣

在昭莫多一役中英勇奋战，表现杰出的振武将军孙思克，于八月中在畅春园（康熙于京郊的离宫）蒙皇帝召见。在会场中，皇太子胤礽坐于皇帝左侧，皇长子等坐在下位，诸王、内大臣等人则是站在一旁。而孙思克行完三跪九叩大礼之后，才发现自己的位置竟然被安排在御榻的右侧，而且皇帝不但赐给他一把亲题诗作的御扇，席间还对他赞誉有加，并赐茶赐宴，让这位获得殊荣的战场老兵感动不已。到了九月初，皇帝还特赐了一面"雄镇秦关"的匾额，然后传旨说："领去悬挂家中，以表老将军镇守河西三十余年之功。"

年度热搜榜

噶尔丹山穷水尽　康熙帝三度亲征

噶尔丹在经历两次惨败之后，可说是精锐尽失，连牲畜财产都已经所剩无几。加上自己的根据地又被侄儿所占，不但原本结盟的蒙古各部都已先后摆脱其控制，连派去清廷求和的使者都举家投降大清。而玄烨则是在掌握了噶尔丹势力已经迅速瓦解的情报之后，决定于二月初在大阿哥胤禔的陪同下，第三次率领大军亲征噶尔丹。这次的行动，预计将兵分两路，以驻大同的三千名八旗兵为第一路军，以驻西安的八旗兵两千加绿旗兵一千为第二路军。而军中所需的驼马、牛羊等物资牲口，则于宁夏、肃州等处就近采买。

── 桑结嘉措卸责撇清　清廷决定温和让步 ──

西藏第巴桑结嘉措对于隐瞒五世达赖圆寂及暗中勾结噶尔丹一事，在今年做出了回应。除了把暗结噶尔丹的责任全部推给他派出去的济隆活佛，并将其解送北京外，他还特别派出使者进京，向玄烨

康熙决定对桑结嘉措隐瞒达赖喇嘛死讯一事睁只眼，闭只眼

密奏关于五世达赖圆寂与六世达赖转世的详情，以求得清廷的谅解。而清廷方面为了能团结蒙古各部并稳住西藏的局势，也对桑结嘉措采取了较温和及让步的态度，在睁只眼闭只眼不继续追究的同时，也派遣了理藩院官员入藏宣问，并详查六世达赖喇嘛转世之所有细节。

溺杀女婴 确有其事 政府下令 严格禁止

住手！你……你在干什么？

帮婴儿洗澡啊……这样也大惊小怪。

哇哇～

近年来溺杀女婴事件频传，已经让政府绷紧了神经严行查禁

由于社会上重男轻女的观念十分严重，所以全国各地近年来时常传出婴儿出生之后，如果是女婴的话，父母就会将其溺毙的可怕事件。司法机关在经过调查后，证实了确有其事。政府为了遏制此项歪风，已经下令严格禁止此等邪恶可怕之行为，若有再被查获者将一律依法严惩。

四处碰壁寻无路　命丧黄泉噶尔丹

原本要前往西藏投靠的噶尔丹，因为听闻清军已经派了部队在甘肃各要道把守，所以行至半途便不敢再贸然行动。但由于物资越来越缺乏，噶尔丹便派他的儿子前往哈密去借粮。只是粮没借成，人反倒被哈密的维吾尔族领袖给擒住。噶尔丹在走投无路的情况之下，又惊闻康熙再次率军亲征，最后只能选择于闰三月十三日那一天饮药自尽。噶尔丹死去之后，玄烨并没有对之前跟随噶尔丹的各部族展开清算，反而是采取和睦亲善的态度，授予在最后关头才决定降清的噶尔丹亲信丹济拉内大臣之衔，并授其子为一等侍卫，迅速稳定了与蒙古各部族的关系。同时又遣送喀尔喀各部回到自己原来的牧地以稳定民心，并在各战略要地派驻将军及大臣，进一步加强了对蒙古的实质统辖力量。

畏罪自尽？因病去世？ 噶尔丹死因出现不同版本

　　在之前清廷所发布的官方消息中，是说噶尔丹因畏惧康熙亲领的大军，所以在穷途末路之下服毒自尽。不过，记者所拿到的第一手前线指挥官的满文报告中，却明白指出噶尔丹是因病而死，而非服毒自尽，与官方版本有明显的出入。而官方之所以要对噶尔丹的死因做这样的修正，极有可能是为了呼应皇帝之前讲过，在他的亲征之下噶尔丹必死无疑这样的话，因为只有这样，才能显出皇帝亲征的无敌威力。不然如果照实报道的话，皇帝御驾亲征，结果却是因为敌人病死而获胜，那岂不是听起来就没有那么神了。只是这样的修饰，到底是在玄烨的指示之下所为，还是执笔的官员为了取悦龙颜而擅自做的改正，就不得而知了。

膳房人擅交太子 帝发怒下令断头

　　内务府总管海喇孙，在日前因为未经皇帝许可前往皇太子处活动而被严厉申斥。负责皇帝饮食的膳房人花喇、茶房人雅头二人，也因与海喇孙一同前往而被下令立即处死。据了解，玄烨在亲征噶尔丹途中，听闻皇太子胤礽与一些行为低下、素行不良的人过从甚密，以至于言谈举止大异于从前。康熙对这些带坏皇太子的人十分生气，为免近墨者黑，回京之后便立刻下此重手，将这些出入太子府的闲杂人等一律处死。不过也有评论家指出，由于被处死的花喇等人每天经手皇帝的饮食及茶水，玄烨可能是怕他们与皇太子勾结，暗中在饭菜中下毒谋害自己，所以才下此重手。同时也警告那些跟皇太子走得太近的人，不要忘了谁才是现在真正的掌权者。

五年一次 军政考核

　　今年底又到了每五年举行一次的军政（对武官的考核）期间，鉴于以往各级督抚提镇都只把军政当作例行公事，而未能翔实地考核下属武官，甚至有借此向下官索贿、徇私舞弊的情形发生，使得一些贪酷庸劣之辈未能受到惩戒，今年康熙帝在事前便已特别提出警告，要求各级长官一定要严格查核，否则连同督抚提镇都将一并从重治罪。而军政考核的重点，则是分为"操守""才能""骑射""年龄"四项，兵部再依收集来的这些评语，分别拟予晋升、奖励或是处分。而这次在皇帝的紧盯之下，被评为卓异的有四十五人、贪酷四人、年老一百一十三人、才力不及者一百三十一人、浮躁四十三人、罢（疲）软四十二人、有疾六十八人、不谨三十九人。数据相较于以往，看得出是真的比较用心地在考核了。

年度热搜榜

朝鲜闹饥荒 清廷伸援手

今年的春节在朝鲜可说是完全感受不到半点欢乐的气氛，因为连年的灾荒导致农作物歉收，各地饥民不但无以为食而四处流亡，还暴发了大规模的传染病，使得许多人就此倒毙在路边。为此，朝鲜国王已经紧急请求清廷能准许他们在中江一带采买食粮，以解燃眉之急。玄烨在获报后，不但立刻批准了一批二万石的粮米交易，还外带免费送给朝鲜一万石以协助赈灾。清廷已于日前在天津截留了这三万石的河南漕粮（专供京城食用之米粮），然后以商船载运，从天津大沽口出海，经山东登州海路运往朝鲜。不过由于路途遥远，据初步估计，在这批救济物资于四月底运抵朝鲜之前，朝鲜全国五百余万人口中，将有两万人以上会因饥饿而死亡。而这批粮米，无疑将成为解救无数濒临饿死灾民的关键。

诸阿哥封王晋爵 皇太子备感威胁

玄烨在三月时，下诏封大阿哥胤禔为多罗直郡王，三阿哥胤祉为多罗诚郡王，四阿哥胤禛、五阿哥胤祺、七阿哥胤祐、八阿哥胤禩为多罗贝勒。虽然玄烨近年来积极让诸皇子在政务上多加历练，让诸位阿哥都能有表现的舞台，但这样的安排，无意中却使得皇太子胤礽备感威胁。近年来因玄烨不断打压所谓的太子党，已经使得自觉逐渐失宠的胤礽十分不安，加上诸位兄弟又不断冒出头来，让他开始有了可能被取代的危机感。评论家认为，未来康熙与皇太子之间的矛盾，可能会急剧加深并恶化，甚至有可能演变成父子相残的局面。到时不是皇帝先出手除去太子，就是太子先摊牌夺取皇位。这种案例，在历史上早已是见怪不怪的事了。

康熙诸位皇子陆续封爵并多有表现的机会，令皇太子备感威胁

米价连番上涨 严禁以粮酿酒

由于湖广、江西、江南、浙江、广东、广西、福建、陕西、山西等九个省米价上涨，所以政府已经于日前下令，短期内将严格禁止使用粮食酿酒，以免米粮因被拿去当酿酒原料，而使得短缺的现象更为严重、粮价更为高涨而影响民生。

法国商船抵中 积极拓展贸易

由法国国王路易十四所派出的商船，在经过长途旅行之后，第一次来到中国。为此，康熙皇帝玄烨还特别下令免征其应该缴纳的全部税额。同时，为了因应西洋船只陆续前来贸易，政府也将西洋商船分为三种不同等级，并分别收取每船数千两白银的税金。而为了能够打进中国这个广大的市场，法国方面已经决定要在广州及澳门两地，分别派遣长期留驻人员，以处理相关贸易事务。

妇女涉案 不得提至公堂审讯

依据之前的惯例，各部院衙门在审查案件时，如果遇到有妇女牵扯在内需要作证或质询的，都会将其执拘或传讯到公堂以进行审讯。但玄烨一直觉得这样让女性出来抛头露面的方式实在不是很恰当，所以在之前便已经指示过相关部门，除了本身犯案的女子外，其余需要质询或作证的，尽量不要将她们传唤到公堂之上。只不过时间一长，各部衙门在办案时又开始承照旧例，把所有的妇女都传唤到公堂之上加以公开质询。于是在年底的时候，玄烨重申，除了本身犯罪的妇女外，无论是官员还是民人之妻，有牵连案内需要质询的，都要由相关单位派遣司法人员及书记官直接到其家中间取口供，原先将妇女拘至公堂审案的办法今后将永行禁止。

因衙门传讯妇女常衍生出不必要的事端，所以康熙已重申此禁令

康熙医学知识惊人　丝毫不输专业医师

玄烨在前几年被西医治好疟疾之后，亲身体验到西医的效能，于是开始对西医、西药有了兴趣，时常向外国传教士询问有关西医的知识。今年，玄烨为了深入研究人体的生理构造，还要西洋人将一些医书译成满文版，并指示传教士对于身体上所有微小的部分，都必须详加翻译，不可有缺，并冀望此书一出能造福社会，挽救许多生命。其实玄烨在接触西医之前，对中医也早有研究，虽然他对眼下许多中医师（包括一些御医）的医术及医德不敢苟同，但对于传统的中医仍相当重视，还时常为生病的臣僚开药或赏赐其药材。加上近年来西洋传教士又讲解了许多西医专业知识，已让这位好学的皇帝成为东西兼通的医学专家，与执业的医生比起来，可能就只差那一张执照了。

年度热搜榜

黄淮连年溃决　康熙三度南巡

康熙皇帝玄烨在皇太后及大阿哥胤褆等七位皇子的陪同之下，于二月三日从京城出发，开始第三次的南巡之旅。据政府发言人表示，皇帝此次南巡，最主要是因为近年来黄河、淮河已数度溃决，致使下游地方屡遭淹没。虽然政府已经耗费了数百万两库银来整治，但成效却不是很明显。所以这次皇帝决定亲自视察黄河、淮河的水利工程，并指示治河方略，同时察吏安民。与前两次南巡相同的是，此次往返途中的所有供应，仍由京师方面全数承办，不许地方官员借此名义科派任何税捐骚扰百姓，若有违者将以军法处置。预计圣驾一行，将于五月结束视察的行程返京。

乡试爆发弊案　康熙下令复试

今年举办的顺天乡试在放榜之后，立刻引起各方的攻击，还有人愤而在网络上张贴文章，指称这次乡试舞弊严重，已成为主考官纳贿营私、逢迎权要的工具。文中还指出，这次的录取榜单中，光是大学士的子弟就占了四五名，部院级首长的子弟加起来更多达好几十人。还言之凿凿地指出某人送银几千两、某人几万两，某人是因为老爸在其他省份当主考官，而与顺天主考官交换名额，某主考官又是因为有把柄被监察官员逮住，而让其子弟中试上榜。在记者的查证之下，诸如此类绘声绘色的说法，虽然与事实有所出入，但贿赂公行的情况，则是事实。由于此案已经引发了舆论的沸腾，所以政府高层官员已经受命复查了所有的试卷，并拟请将顺天乡试的正副主考官革职查办。不过后来玄烨又觉得此案并不单纯，不能就此草草结案，于是下令所有上榜的举人（乡试上榜的考生），必须于明年元月到京城内廷参加复试，到时将由皇帝亲自出题，并让诸皇子、重臣、侍卫当场监考。到时若能过关的，则承认其举人的资格，被当场刷掉以及推托不到者，则当场革黜。

年度热搜榜

【康熙三十九年】公元一七〇〇年

湖广重新清丈田亩 无良地主被迫现形

政府重清田亩，揪出许多逃漏税富人

湖广总督郭琇在日前上奏，表示湖南地区有许多地主豪强为了逃漏税额，而将其名下的地亩加以隐匿，然后把赋额摊入一般小农的田亩之中，结果造成当地一些小农因为税赋过重，最后在不得已的情况之下，只好选择逃亡。而政府在重新清丈田亩之后，已经把这些隐匿地亩的地主豪强全部给揪了出来，然后再全部重新计算，以使税赋能更加公平。只是全部重新丈量计算的结果，虽然在税赋的缴纳上公平了，但整体的税收金额却因此而减少了百分之二十。不过玄烨在看完报告后也对此做出批示，表示如果是对百姓有益的事，就算减少的税额再多一倍也在所不惜，否则只是苦了一般的黎民百姓。

太后六十岁寿诞　皇帝贺礼大公开

好了没？我食神要使出绝招"黯然销魂手"了。

快……快好了，9234、9235、9236……

为了庆祝太后六十寿诞，御膳房特别准备了一万粒米做成的精致料理

今年十月适逢皇太后过六十大寿，宫中处处充满喜气，王公贵族及大臣权要，无不争相进献礼物为皇太后祝寿，连当今皇帝也是费尽心思准备了一批精致的贺礼。记者通过关系独家探知皇帝所进呈的贺礼，让读者一窥皇室礼物的神秘与精巧。这批礼物计有：佛三尊、皇帝亲书之万寿无疆围屏一架、御制万寿如意太平花一枝、御制龟鹤遐龄花一枝、千秋洋镜一架、白花洋镜一架，以及东珠、珊瑚制成的念珠、皮裘、古玩、鞍马等物件。同时皇帝还极具巧思，特别命令御膳房数一万粒米，做成万国玉粒饭来让皇太后高兴。

科举制度改革

官员子弟另编官字卷
录取名额不占平民缺

去年（一六九九年）顺天乡试弊案爆发的主要原因是一般平民认为高官权要的子弟占去太多名额，所以相关单位在今年六月时，已获皇帝指示，开始着手研议从下一次的考试开始，另设官卷让官员子弟应试的可行方法。在经过九卿会议（由大理寺卿、都察院左都御史、通政使，以及吏、户、礼、兵、刑、工六部尚书共同组成的会议）的讨论之后，终于在十一月由康熙帝批准新的规则：以后凡各省乡试，在京三品以上官员及大小京堂（中央各部门长官）、翰林、科道、吏部与礼部官员的子弟，以及外任的督抚提镇、布政使、按察使等官员的子弟，凡参与考试者，都另编为官字号，并另设考场，以便与一般平民的试卷有所区分。录取名额方面，乡试时官、民的录取比例定为一比九，会试官字号的录取名额则定为百分之五。如此一来，必可大大地减少舞弊现象，并防止一般平民因为认为权益被高官子弟侵夺而再一次地爆发冲突事件。

年度热搜榜

【康熙四十年】公元一七〇一年

索额图乞休获准　太子党面临瓦解

以索额图为首的许多大臣相继依附太子，使得康熙感受到一股威胁而下手压制

今年九月，玄烨在没有慰留的状况下，火速批准了领侍卫内大臣索额图的辞职。一般认为，索额图此次表面上看是以老乞休，实际上则是康熙帝所给予的惩治。之前索额图与明珠之间相互倾轧、彼此结党，弄得朝廷上下乌烟瘴气，连北京百姓都作歌谣说："天要平，杀老明；天要安，杀索三。"但是玄烨念其在康熙初年擒鳌拜时位居首功，又顺利地签订了《尼布楚条约》，所以就算知道他贪酷成性，也都只意思一下给予训诫而已。

而这次竟然对他毫不留情的原因，据推测极有可能是他碰触到康熙帝的逆鳞，卷入了皇帝与太子的权力斗争旋涡之中。由于索额图是皇太子胤礽生母的叔父，故一向被视为所谓太子党的首脑人物，而近年来诸多朝中大臣纷纷依附皇太子胤礽的情况，也让玄烨开始有了危机感。此次重击，将把太子党逼到面临瓦解的地步，并使得胤礽在迈向皇位之路上又增添了不少变数。

年度热搜榜

【康熙四十一年】公元一七〇二年

发压岁钱啰……

慢着，我先发拘票，麻烦你跟我回衙门一趟。

有官员因未遵守过年封印的规定而闹出了人命

过年加班太认真 闹出人命遭革职

今年过年期间，山东发生了一件命案，让春节的喜庆氛围蒙上了一层阴影。原本依规定在过年期间，地方官员必须"封印"，不得接受一般的民事案件。但是蒲台却有民人之间因房产的纠纷，而一状告到县衙去，而知县俞弘声可能也是过于认真，在过年期间还为此特别加班，用官印签发拘票将一位县民拘捕到案。结果被拘捕的人不晓得是觉得受到冤屈，还是认为大过年的触了霉头，竟然就这样服毒自尽了。不久，此事被媒体揭发出来之后，玄烨便派人前往调查，结果知县俞弘声不但被革职，还要罚钱来为死者办理安葬事宜，而上一级的巡抚也因失察被判以罚俸的处分。

官员滥引存留养亲条例

在今年刑部拟定上呈的案件之中，有一件父子两人联手殴死邻人的案子，原本应当处死的犯罪人，竟然因为官员不当引用法条而侥幸得免。因此案审判的结果不符合社会期待，所以玄烨在做最后裁定时，便决定予以退回重议。记者得到的资料显示，被告陈蒂生、陈潮父子，因共同殴死被害人陈大胜而遭到起诉。但刑部在审案时却以父亲陈蒂生年老，而认定其子陈潮为杀人凶手，先判决将陈潮收在狱中等候执行绞刑，然后又援引"存留养亲"的律例让其免死。所谓"存留养亲"指的是当

杀人凶手险些逍遥法外

子孙犯了死罪，但年老的父母、祖父母仍在世却无其他人可以扶养时，便可以免除死罪以便安养长辈。但玄烨在详细查看案由之后，发现此案中应被扶养的父亲陈蒂生本身就可能是教唆打人致死的犯罪者，根本不适用存留养亲的律例，于是才下令刑部重新审议。最后刑部重拟刑责之后才终于获得批准，裁定父亲陈蒂生罚杖一百，但念其年老，可以用罚金代替行刑，儿子陈潮则按杀人罪绞监候，不得减刑或免死。

清军舍攻改围 民众下山归降

受命征剿起义的都统嵩祝在抵达廉州之后，便派人侦察并绘制当地的形势图进呈给皇帝。玄烨在仔细审视之后，认为若贸然进山，可能又会被其游击战术所牵制。而从情报上分析，起义的人数应该不多，活动空间也有限，所以应该要立营围困以迫其归降。嵩祝在得到指示之后，就依旨在山下扎起营寨，把义军困在山中。果然，到了五月的时候，为数将近两万的义军便先后下山归降了。清廷除了将九位首脑处决外，其余皆行宽宥，然后由两广总督石琳负责善后事宜，并在附近建立营寨堡垒，派兵驻防，以防再有类似的情形发生。

皇上真是英明神武、国色天香、鲜嫩可口……

这太恶心了吧……

康熙帝很不喜欢官员过度的阿谀奉承

官员拍马逢迎
康熙毫不领情

日前两江总督阿山上奏时，大拍马屁地说两江地方之所以丰收，完全是因为皇帝有福与英明领导，才天人感应，屡显丰饶景象。只是玄烨看了之后，便在奏折上回批说："如果这样就说是因为朕洪福齐天、恩播遐迩，那江北、山东地区水患频传、民多流离，岂不是朕福不与天齐、恩未能传布了吗？"据了解，玄烨很不喜欢别人来这一套，所以对许多只会逢迎的官员都常没有好脸色。之前还有一次到关外哨鹿时，玄烨在一天之内便猎得十一只大鹿。于是佐领那柳就说："我生长在此地这么久，从来也没有见过有人一天可以猎到十一只大鹿的，这实在是太神了。"而玄烨听到后只是冷冷地回答说："朕每次哨鹿行围，猎到的都差不多是这个数目，哪有什么地方神了。"

太子途中患病 南巡暂时中止

玄烨于九月二十五日，在皇太子胤礽、四阿哥胤禛、十三阿哥胤祥的陪同下，第四次南巡视察河道工程。不过圣驾一行经永清、河间、阜城等地到德州后，皇太子胤礽便突然患病，以至于原本要南巡的一行人只好先停驻在德州。在经过两个多星期之后，玄烨见皇太子的病仍不见好转，便宣布暂时放弃这次南巡，让胤礽继续留在德州调理身体，自己则先返回京城处理政务。

年度热搜榜

【康熙四十二年】公元一七〇三年

南巡再启　亲视河工

　　去年因皇太子胤礽生病而暂停的南巡行程，在太子已经康复之后，玄烨便带着同一批人马再度启行。此次南巡的重点行程仍是检阅河工，康熙不但实地勘察宿迁、徐家湾、祥符闸、桃源烟墩、龙窝、扬州沙坝桥、高家堰、翟家堰等处的水利工程，还对第一线负责的官员指示了许多具体的做法。在行经苏州、杭州之后，返程过南京、镇江，最后由运河北返，在三月中旬回到北京，结束这趟为期两个月的行程。

再涉入太子争权　索额图惨遭圈禁

索额图被圈禁后，太子的接班地位开始动摇，诸皇子各有打算，纷纷觊觎皇储之位

太子……

　　之前因与皇太子过从甚密而被批准退休的索额图，又被玄烨查出还在背后有怨怼之言，甚至想借着他之前所建立的人脉，阴谋发动政变，让太子胤礽提早登基。而对此早有防备的玄烨则是立即先发制人，派人将索额图逮捕并圈禁于宗人府，被列为太子党的多位大臣也同时遭到革职锁禁。据了解，自从近年皇太子胤礽的接班人地位开始动摇以来，大阿哥胤禔、三阿哥胤祉、四阿哥胤禛、八阿哥胤禩可都是各有打算，纷纷吸收自己的党羽，在明争暗斗中觊觎着皇位。诸位兄弟中，又以八阿哥胤禩对皇太子胤礽最具威胁性，他不但与九阿哥胤禟、十四阿哥胤祯（雍正登基后为避讳方才改名）结成死党，还获得皇亲重臣如裕亲王福全（玄烨之兄）、国舅佟国维，以及大臣阿灵阿、揆叙、苏努等人的支持。另外，听说胤禩还收买了宫中太监，以探听皇帝每天的喜怒动静。而种种的情形，都让胤礽及太子党的首脑索额图感到十分不安，认为如不采取一些行动的话，太子地位终将不保。只是没想到这一切都在玄烨的掌控之中，犹如翻不出如来佛手掌心的小猴一般，一有风吹草动，马上就被封在五指山之下了。

【专题报道】圈禁

圈禁就是将人在一定的范围内加以拘禁的意思，而实际上的做法又可分为几种不同的等级。如果是地圈的话，就是在一块地的四周筑起高墙限制其活动范围。屋圈则是被限定只能在一个屋子内走动不能外出半步，只是如果家属自愿的话也可以一同被圈禁在屋子里面做伴。比较惨的是坐圈，被拘禁者只能接膝而坐，连站起来的自由都没有。可要是被处以立圈的话就更恐怖了，罪人站立在中间，四围有人并肩站立，只是周围的人会一直轮流替换，而受禁之人则一直被挤在中间根本不得休息，不用几天便会因为委顿而不支了。如果是重罪者，还会在脖子及手脚处加上铁链，听说最多可以加到九条重链，这样就算没有人看守，只怕想动也动不了。所以许多被圈禁者，往往过不了多久，便会死在禁所之中。

我以后还是不要再抱怨了……

被圈禁者要是犯行严重的话还会被加上重重铁链

常宁福全先后病逝　玄烨为兄亲扶灵柩

今年六月，玄烨的兄弟常宁与福全先后于北京病逝，其中尤以福全的去世让玄烨悲痛不已。相较于仅命皇太子、诸皇子及扈从大臣前往殡所奠酒的常宁，玄烨不但数次亲临福全的府邸致奠，还摘除帽缨、移居偏殿，甚至更亲侍灵柩发引。同时，玄烨也下令除了皇太子外，所有年长的皇子都要为福全穿孝，而丧礼的规格也提高到仅次于太皇太后、皇太后及皇后去世的体制。原本顺治帝在临终之前，一度是有意将皇位传给福全的，但后来因为孝庄太后以福全有眼疾且玄烨已经出过痘为考虑，才在最后关头改立玄烨为接班人。而原本应该可以登上大位的福全不但对弟弟毫无嫉妒之心，还处处保持谦让并遵守本分，使得深受汉人立嫡立长思想的玄烨，似乎在心中有着一份亏欠，以及一份难以割舍的情感。正因如此，福全在生前才一直得到厚待与优宠，死后也享有非比寻常的荣耀。

占地八千多亩
避暑山庄启用

玄烨在承德以北占地八千四百多亩，建造热河行宫，作为夏天避暑之用。根据规划，山庄之中处处尽是园林景致，有山有水，可说是兼具南北方的风景与特色。除了苑景园区外，还有宫殿区以作为皇帝每日处理政务及生活起居之所。虽然整体工程需要耗费数十年的时间才能彻底完工，但玄烨表示，在目前初步建设已经完成的条件之下，今年就可以开始使用，预计往后每年的五月就会自北京前来此地避暑，一直待到九月才会再返回北京。而当皇帝前往热河行宫时，都

皇子们都希望能跟着康熙到避暑山庄度假而不是留守北京

会留下一些成年皇子在北京分批轮值，以便能及时处理并向他汇报政务。不过，据记者的私下了解，玄烨的诸皇子其实人人都想跟着父皇到山庄来，因为在这好山好水中不但可以充分放松，还能跟在父皇身边学到许多事情。相较于留守在酷热难耐的北京城之中，还得处理烦人的政务并承担相当的政治风险，在山庄实在是太幸福了。

康熙西巡视察　督导军务封赏蒙古

康熙皇帝玄烨在九月由塞外避暑完毕返回京城之后，只停留了不过三个星期的时间，便又在皇太子胤礽等三位儿子的陪同之下，马不停蹄地启动了西巡之旅。据官方日前公布的资料，这次西巡最主要的目的：其一是检查武备并视察各驻防军队的操演状况；其二是蠲免山西、陕西、甘肃等地的钱粮；其三是分封赏赐蒙古各部族，以巩固其与清廷间的关系；其四是察看黄河、汾水、渭水、汴河等河流的航运状况，并提出改善之道。而在行程规划方面，将由直隶出发路经井陉进入山西，经太原再至蒲州渡过黄河后，抵潼关、临潼而后至西安。回程则转由洛阳，在孟津渡过黄河后，至卫辉北行，预计于十二月下旬才会返回京城。

—— 中央大力赈灾　地方事不关己 ——

年初玄烨南巡经过山东时，见到济南、兖州、泰安等府因去年遭逢天灾，使得作物歉收，生活困窘的百姓不但衣衫破烂而且个个面有饥色，于是下令免去尚未征收的税额，并公布捐赠救济办法，让一般的平民百姓，以及那些之前被降级、革职的官员，想要赎罪的，都可以带着自备的银钱与米粮，一同进到灾区来帮助这些灾民。同时也调集数万石的米到灾区，以减价平粜或直接放赈的方式来让灾民得以活命。只是到了七月时，山东地区又雪上加霜发起了大水，于是中央只好再截留漕运米粮五十万石，并加发白银五十万两来赈济灾民，还派出许多官员前往协助赈灾。只是山东的官员不但平时不知积蓄备荒，连救灾行动也都是慢吞吞的。由国库拨去赈灾的银两，居然被布政使给收在公库里没有及时发放，连前来支援放赈的人员也迟迟不分配到各地开始行动。一直到皇帝又命户部发文责问进度，山东巡抚王国昌才在十二月底赶紧办妥赈灾事宜然后回复。只是这样的办事效率，不晓得已经造成多少饥民因等不到粮食而徒然饿死了。

年度热搜榜

【康熙四十三年】公元一七○四年

晋抚噶礼被控贪赃虐民 康熙一反常态草草结案

去年底，御史刘若鼐参劾山西巡抚噶礼贪得无厌、虐吏害民，并贪赃数十万两白银，而太原知府赵凤则为其腹心，专用酷刑，使勒索得逞。于是噶礼在皇帝的要求下回奏解释，说这一切全部是子虚乌有的事，根本是刘若鼐凭空捏造用以诬陷他的。结果令人意外的是，玄烨竟然一反常态，也没有再派人前往详查，就将此案给了结了。而事实的真相究竟为何，记者在锲而不舍的追查之下，终于有了进展，发现了一些足以证明噶礼、赵凤等官员贪赃枉法的事证。另外，也听说在去年玄烨西巡时，噶礼以拘票强迫动员了数百个当地人与他一同接驾，这些不敢不来的百姓，都是在大半夜就被要求站在路旁，顶着刺骨寒风等待多时，为的就是给噶礼充场面。而且噶礼在皇帝途经的每一站都事先建好了行宫，还向玄烨进献了四名美女。虽然玄烨对此并不领情，没有收下这些美女，也对噶礼这种行径训斥了一番，但看来马屁终究还是拍成了，让他在皇帝的眼中身价翻番，不然依玄烨每次弊案都必下令详查的习惯来看，这次的事件不可能就这样草草结案。

膳房备餐搞乌龙　皇帝开口免责打

今夏玄烨与七位皇子一同到热河山庄避暑时，膳房的人居然摆了个大乌龙。一天，康熙与皇子们高高兴兴地出门去钓鱼，到了吃饭时间膳房的人忽然惊觉竟然只准备了肉肴，而忘记携带饭食。就在诸皇子及近侍们拿起棍子要责打膳房人员的时候，玄烨却开口阻止，并说："这只是小事，就原谅他们吧。"而脸差点绿掉的膳房人员这才松了一口气，不然这一打下去，午饭可就要多一道红烧五花肉了。据随行记者观察，其实玄烨平时的生活就十分简朴，对吃的也不甚注重。他喜欢吃黄瓜、萝卜、茄子等类的蔬菜水果，不吃人参也不重药膳。平常穿的衣服、乘坐的轿舆及马具样式，也都非常简单，和一般人没什么两样。单从外表看起来，他真是一点也不潮，要不是身边随时有一大帮侍卫人员，其实很容易被误认为路人的。

你看看那人穿的衣服，真是一副穷酸样。

嘘！

康熙日常的饮食与衣服其实都十分普通

康熙五次南巡 一再声明与民秋毫无犯 玩乐行程增多渐失初衷

事隔一年多，玄烨又于二月初开始第五次南巡，只是途经苏州时适逢生日，所以有许多臣民百姓为恭贺万寿节，而群跪在行宫之前并进献贺礼及食物。玄烨为此宣布："朕为阅视河工、巡访风俗而来，不是为了来这里过生日。而且朕一路行来，途中所用的一切物品，都是由内府准备的，就是不要惊扰地方。"于是要所有人将进贡的物品自行带回。话虽如此，但实际上主管江宁织造（负责

提供皇室御用绸缎的部门）及两淮盐政的曹寅为了逢迎，仍是事先就召集了相关的官员及众多盐商，大兴土木，捐助了为数可观的资金在宝塔湾为皇帝建造了行宫。而这些官员及盐商，事后也都受到"议叙加级"或给予"顶戴虚衔"的恩赏。而进献给皇帝、皇太子的珍玩也不在少数，除了阅视河工的正事外，收藏古董、字画及吃喝看戏在南巡行程中的比重也越来越高。况且，皇帝每次南巡，皆需动员上万人，许多的花费都是官员富商们在私底下就商量好的，表面上虽说是秋毫无犯，但实际上仍是劳师动众。而地方官员为了服侍好皇帝，所花费的金钱早已非其个人所能负担，势必挪用公款或想方设法从百姓那里去挖，而这些状况可能就不是皇帝在短时间内可以轻易发现的了。

教廷特使私下要求传教士禁止中国教民尊孔祭祖，引发康熙不满

教廷特使多罗抵中　康熙警告勿涉内政

据闻"教化王"（天主教罗马教宗）克莱门特十一世所派遣的使者红衣主教（即枢机主教，天主教中地位仅次于教宗的神职人员）多罗到达中国后，似乎在私底下要求传教士不得再继续纵容中国的教民尊孔祭祖的行为。而这件事情不久便传到康熙皇帝的耳中，玄烨对这些连中文都说不好，甚至连书中道理都不懂的外国传教士，竟然敢干预中国人的传统信仰及礼俗感到很不高兴，于是下谕警告传教士，不得再干预中国人尊孔祭祖的习俗，否则就要把他们全部赶出中国。其实，天主教内部之前对于是否可以允许中国的教民祭祖一事，原本就存在不同的看法。以利玛窦（明朝万历年间来中国的意大利籍耶稣会教士）为代表的一派，采

取比较温和的态度，容许中国教民祭天、祭祖和祭孔。他们认为中国传统中的"天"和"上帝"，本质上就是天主教所说的"唯一真神"。而祭祀祖先与孔子，则只是追思先人的仪式，与信仰并无干涉。这样的想法，让中国政府及民众较容易接受，也使得天主教在中国迅速传播。但是后来天主教道明会传教士为了排挤耶稣会传教士，就向罗马教廷控诉利玛窦在中国的这些原则违反了天主教的基本教义。近年来罗马教廷内保守的一派取得优势，于是才会派出红衣主教多罗来中国。评论家表示，由罗马教廷的态度及大清政府的反应来看，两者之间似乎已经难以取得平衡点，对于未来天主教在中国的传教活动也埋下了不安定的因素。

——苏麻喇妈妈去世 康熙帝破格尊崇——

深受玄烨及诸皇子敬重的苏麻喇妈妈（苏麻喇姑，妈妈为奶奶之意）于九月七日与世长辞。出生于蒙古大草原，幼年时即随侍于孝庄太皇太后的苏麻喇，虽然在日前因痢血不治而去世。据闻，当时正在塞外巡幸的玄烨，在八月底一接到留守京城的三阿哥胤祉及八阿哥胤禩奏报，说苏麻喇严重痢血腹泻的消息后，立刻交代皇子们要让老人家在平日住的地方养病，不必循例移往他处（依规定，在宫中服侍的人员如有患重病者，必须移往指定处所，以免将疾病及厄运传给皇室成员），并让从小受到苏麻喇照顾的十二阿哥胤祹日夜看护。同时玄烨也交代皇子们去询问医师可否以"西伯噶古纳"或"山葫芦"治疗，如果可以的话，就告诉苏麻喇妈妈说这只是一种混在鸡汤之中熬煮的草根而不是药，以便让其服用。后来虽然医生们认为年老体弱者不宜服用此药，但由于苏麻喇的病情又急剧恶化，所以皇子们也只好冒险一试，劝苏麻喇服用"草根"煮的鸡汤。但苏麻喇认为就算草根也是药，仍然拒绝服用。皇子们一再请求，起初苏麻喇还婉言拒绝，最后实在是烦了，索性紧闭双目不再回应，几天后便撒手人寰。而此时正在赶回京师途中的玄烨，闻讯还特别要求将其遗体就地停灵七日，以便他可以赶回来见其最后一面。玄烨回京之后，更下令所有成年皇子都去送她最后一程，并下令以嫔（皇后、皇贵妃、贵妃、妃之下第五等皇帝侍妾）的规格办理丧礼，以尊崇这位将一生都奉献给大清皇室的苏麻喇妈妈。

活到九十岁高龄的苏麻喇妈妈，在生前居然从来没有服用过任何药物，令医界啧啧称奇

苏麻喇，蒙古语本名为苏墨儿，出身于蒙古科尔沁草原的贫苦之家，年幼时作为布木布泰的随身侍女来到盛京，是孝庄太皇太后众多侍女中最为聪明出色的一个，后来才改称为满语的苏麻喇。她不但在崇德元年（一六三六年）时曾参与清朝衣冠饰样的制定，还在玄烨幼年时期，奉孝庄太皇太后之命担任玄烨的启蒙老师，教导其学习满文。玄烨自小一直都尊称这位祖母的侍女为"额涅"（额娘，母亲），后来也随着儿子女儿们称其为"苏麻喇妈妈（奶奶）"，而宫中的所有人也都跟着称之为"苏麻喇妈妈"。苏麻喇与孝庄之间的关系，早就超过一般的主仆情谊，苏麻喇不但是孝庄太皇太后的得力助手，还是她在皇太极去世后长达四十四年的寡居生活中，唯一可以谈心的知己朋友。康熙二十四年（一六八五年）时，苏麻喇还受孝庄太皇太后之命抚养其曾孙，即十二阿哥胤祹。而太皇太后这样的安排，极有可能是为了抚慰此时已将近七十岁而自己并无子女的苏麻喇的孤独。胤祹在她二十年的照顾下，与其感情有如母子一般，还一反其他皇子对她的称呼而称她为"阿扎姑"（阿扎为额娘、母亲）。在孝庄太皇太后逝世之后，苏麻喇也将其对女主人的一片赤诚，全部转移到玄烨身上，日夜为其念佛祈福，一直到自己的生命结束为止。

考生暴增　顺天府增建考场

根据礼部公布的资料，今年参加顺天乡试的学子暴增，入场竞争的考生竟然达七千多人，差点就把考场给挤爆了。在乡试时，为了防止考生作弊，每个人都会分配一间独立的小考房。顺天府的七千二百五十余间考房，原本是绰绰有余的，但由于近年来应考乡试的人数不断攀升，为了下一次考试时不至于开天窗，顺天府丞（地方行政长官）已经向礼部提出申请，准备进行考场的扩建工程了。

由于考生人数暴增，顺天乡试原有的七千多间考房已快不够用

你们几个到底要不要考试啊？

啊！忘了带笔……

糟糕……到底是哪一间……

快来不及了……

清廷颁布传教新规定　领取信票才准永居留

因之前"教化王"所派来的红衣主教（即枢机主教，天主教中地位仅次于教宗的神职人员）多罗干涉中国教民尊孔祭祖的习俗而惹怒康熙帝，所以清廷便颁布新的规定，要求所有西洋传教士都必须于十二月底开始，至京城领取信票并具结表示愿意永住中国，才会获得居留之许可。若有不遵守"利玛窦规矩"而再干预中国百姓祭祖敬天，或是不能在期限之内领取信票者，则将被驱逐出境。所谓的"信票"，就是发给外籍传教士在中国长期居留和传教的凭证，票上会以满汉两种文字书写传教士的姓名、国籍、年龄、天主教会别、来华年数，以及发票日期等，并以千字文为序，从"天"字开始编号，同时加注"永不返回西洋"之字样，经过验证之后会盖上"总管内务府"关防之印记，以证明传教士的合法传教身份。

传教士必须承诺永不返回西洋，如此才能取得信票，继续留在中国传教

第四章

康熙南巡　九子夺嫡

（公元一七〇七年～一七二二年）

本章大事件

▶ 皇帝六度南巡
　揪出荒谬工程

公元一七○七年

公元一七○八年

▶ 康熙宣布三大罪状
　胤礽被废太子之身

▶ 胤礽死中求生
　重登太子之位

公元一七○九年

公元一七一○年

▶ 国库结余共五千万两
　全国分三年免征钱粮

▶ 太子党再度聚集
　康熙帝重手打压

公元一七一一年

公元一七一二年

▶ 税制创新造福百姓
　滋生人丁永不加赋

▶ 胤礽再度落马
　痛失皇储之位

▶ 康熙正式册封
　班禅额尔德尼

公元一七一三年

公元一七一四年

▶ 胤禩惹怒老爸
　康熙撂下狠话

► 谁是接班人？
八阿哥出局！
胤祉胤祯最有希望
四爷低调鸭子划水

► 康熙预立遗诏
仍未指定皇储

公元一七一五年 **公元一七一六年** **公元一七一七年** **公元一七一八年**

► 摊丁入亩试办
贫农得以喘息

► 康熙准许密折奏事
亲阅亲批不假他人

► 十四爷领军西征
受命称大将军王

► 放榜当天沙尘暴
康熙疑惑心头惊
果然揪出会试弊端

► 中俄边界拖延未定
清廷出手断其财源

公元一七一九年 **公元一七二○年** **公元一七二一年** **公元一七二二年**

► 清廷增兵西藏
册封达赖喇嘛

► 十四爷返京又赴前线
接班人是谁疑云再起

► 康熙驾崩
四爷继位

皇帝六度南巡 揪出荒谬工程

玄烨在皇太子胤礽等五位皇子的陪同下，于元月下旬离京进行第六次南巡。据官方所发布的讯息，此行最主要的目的在于考察预计开凿的溜淮套工程。这项由前任两江总督，也就是现已升任刑部尚书的阿山所强力建议的水利工程，是为了避免洪泽湖的水位在丰水期暴涨而酿灾，而计划在清口附近开凿一条河道以分泄淮水。但玄烨在南巡实地考察后发现，原本要开凿河道之处地势过高，就算挖好了水也流不过去，根本一点用处都没有。于是玄烨便询问河道总督张鹏翮怎么会设计出这么一个荒谬的工程，

而众人竟然都说不出个所以然来。结果当然只会令皇帝更加生气，玄烨当场就指出这分明是地方官员想要借着这些工程牟利，而水利工程部门的人借此想得到升迁的机会，才会搞出这个乌龙工程。最后阿山被革职，而张鹏翮及其他相关官员也都被惩处了。

——— 有人假托御前之名 南巡途中骗买女子 ———

上次皇帝南巡时民间就有传闻，说有人打着御前重臣的名号，借着圣驾大批人马南巡的机会，在苏州骗买女子，以作为打点官场的礼物。记者在特别深入追查之下，发现这次南巡，同样也有许多人已经开始动作，在江苏四处强行买入女子。这些人有的是之前已被革职的官员，想把美女送给位高权重的大臣以谋复职。也有皇帝旁边的侍卫人员，打算把买来的数名女子当作升官的垫脚石。由于这些人都假托是御前人员，甚至还有人以为就是皇帝派人来买的，所以也没有人敢出面阻止。不过，据说玄烨似乎也已经听闻此事，并已密令某个苏州籍官员于暗中打探此事。

多罗宣布教宗禁令
康熙震怒驱逐禁教

罗马教廷的代表红衣主教多罗，无视清廷之前的一连串警告，在南京正式宣布"教化王"克莱门特十一世在康熙四十三年（一七〇四年）所颁布的命令，约束在中国所有信奉天主教的教众以及传教士，只准使用"天主"一词而禁止使用"天""上帝"来翻译"GOD"。也不准中国教徒祭拜天地祖先，家中若要放置祖先牌位的，也只能书写姓名而不能加上"某某神位"之字样，同时也要求在教堂中不得悬挂"敬天"字样。随后，玄烨下令全面禁止天主教的传布，除了北京城内少数有专门技术者可以继续居留外，其余的西洋传教士则全部分批遣送到广州及澳门，使得天主教的传教活动遭到前所未有的打击。

抽烟不慎御营失火
老烟枪罚耳鼻穿箭

玄烨在五月下旬结束南巡返回行宫畅春园才没几天，又接着启程往塞外巡幸。九月时，正在行围打猎中的御营却发生了意外失火的插曲。由于起火点就在康熙营帐的东边不远处，当时又值枯草期，所有人一看到火舌蹿起，都吓出一身冷汗。所幸发现得早，大火被及时扑灭，否则一旦延烧起来后果不堪设想。事后追查起火的原因，发现原来是膳房人佛泰的家人二格抽烟不慎所致。本身就不抽烟的玄烨，为了让所有人都能有所警戒，便下令将二格耳鼻穿箭游营示众，再于回京之后另行治罪。至于二格的主人佛泰，也很倒霉地受到连累，被处以枷号三个月、鞭一百的刑罚。看来"抽烟有害身体健康"的说法，还真的没有骗人呢。

教廷代表多罗因宣布禁止中国教民敬天祭祖而惨遭康熙驱逐禁教

年度热搜榜

【康熙四十七年】公元一七○八年

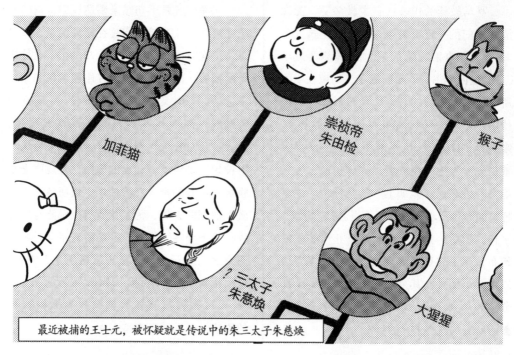

加菲猫

崇祯帝
朱由检

猴子

？三太子
朱慈焕

大猩猩

最近被捕的王士元，被怀疑就是传说中的朱三太子朱慈焕

朱三太子终遭逮捕凌迟 身份是真是假仍然成谜

最近几年又有人打着明朝朱三太子的旗号，在浙江、江苏一带招兵聚众，不但私设官职武装起事，甚至还打算在皇帝南巡的途中发动突击。其中念一和尚的武装叛乱集团，已在今年初被政府军剿灭，在破获其部分党人之后，相关单位已派人至山东逮捕涉及此案的朱三太子。被擒获的首谋叛乱分子共十多人被凌迟处死，六十余人立即斩首，余犯则发配宁古塔充军，并惩处失职的官员。而据记者所探得的资料，此案中被捕的朱三太子，在供词中已经承认了他就是前明

崇祯帝的儿子朱慈焕，只是为了躲避清廷的追捕而一直化名为王士元，并在江南各地以教书糊口。虽然最后确认，起兵谋反的念一和尚根本就不认识这个朱三太子，而王士元本身也没有从事过任何谋反不轨的行动，但最后仍难逃被凌迟处死的命运，他的五个儿子也同时被斩首。其实，自明朝覆亡之后，便不断有人以朱三太子的名义起事，而这次的朱三太子真的就是朱慈焕，还是仍然只是个假货，已引起各界再一次的关注。

十八阿哥半途病逝　康熙怒批太子无情

玄烨在热河行宫避暑的时候，随行的十八阿哥胤祄竟然生起了重病，使得玄烨心急火燎，一点也没有度假的气氛。而更令他生气的是，在胤祄生病时，身为哥哥的皇太子胤礽竟然漠不关心，毫无友爱之情。这不禁让玄烨想起了当初他第一次亲征噶尔丹时患病，而胤礽也是一副事不关己的样子，好像满脑子所想的都只是什么时候可以坐上皇位。最终，就在一行人于九月初启程返京的路上，今年才八岁的胤祄居然就这样一病不起，在玄烨泪水不止的眼前去世了。

康熙宣布三大罪状　胤礽被废太子之身

皇帝与储君之间的多年矛盾，终于因十八阿哥胤祄的死而爆发了。在胤祄病逝当天，遭到丧子之痛的玄烨叫来诸王大臣侍卫及文武官员，令皇太子胤礽下跪，然后沉痛地发布谕旨，废除其皇太子的身份并将其拘禁。同时宣布胤礽的三大罪状，包括：一、穷奢极欲、生活放纵，还强勒官员索取财物，并纵容下属恣意攘夺。二、专擅威权、肆恶暴戾，任意凌辱捶挞诸王

太子，十八阿哥因病重去世了！

十八弟？是哪一个啊，我怎么没啥印象？

漠不关心

十八阿哥的去世，成为胤礽被废太子的导火线

大臣。三、纠聚党羽、觊觎皇位，与索额图等人朋比为奸，阴蓄篡位之心。据了解，虽然废太子是因胤祄之死而起，但其实早在西巡途中，胤礽每夜从帐篷的缝隙向内窥视，探听皇帝起居的动作，便让玄烨感到心神不定，认为胤礽已有阴谋害父之意图，要是不加以处置的话，只怕哪一天会死在自己儿子手中。而在九月十八日奉皇太后懿旨，祭告天地宗庙并诏告天下之后，胤礽正式被废黜皇太子之位，并让大阿哥胤禔与四阿哥胤禛一起看守废太子。至于依附太子的党人，因为牵扯太多人，所以只有索额图之子格尔芬、阿尔吉善被立行正法，其余的则都从宽不究。

太子遭罢黜打击太大　胤礽身心灵几近崩溃

胤礽被废去皇太子之位后，由于遭受的打击太大，已经濒临精神崩溃的边缘。据熟悉内情的人表示，胤礽在拘所之中忽起忽坐，言行极度失常，两眼空洞无神。有时吃饭吃了七八碗还不知饱，喝酒喝了二三十觥也不见醉。白天沉睡不起一直到夜深人静时才醒来，遇雷电也手足无措，看起来已经跟一个精神失常的人没什么两样。而他的父亲玄烨在得知这种状况以后，感到伤心不已，甚至时而流露出懊悔的神情。因为这毕竟是他栽培了四十年的亲生儿子，要在一时之间割舍，恐怕不是那么容易的事。

康熙对于胤礽被废太子之后竟然出现精神失常的状况，感到万般不忍

胤禔举荐竟收反效果　当红八爷胤禩遭锁拿

在皇太子之位虚悬之后，原本诸阿哥暗潮汹涌的争储动作，已正式浮上水面。其中以受命管理内务府事务的八阿哥胤禩，声势蹿起得最快，也吸引了一些兄弟前来依附，大有成为下一个皇太子的气势。九月底时，大阿哥胤禔向玄烨保荐八阿哥胤禩为皇太子，并上奏说有一个叫张明德的命理师曾断言胤禩日后必定大贵。结果行事一向鲁莽的胤禔保荐不成，反而使玄烨觉得反感，并命

都是你啦……

我……我是一片好意啊……

大阿哥试图举荐八阿哥胤禩为皇太子，结果反而惹出一堆祸事

人将张明德拘提到案加以严审。一查之下，发现张明德不但为胤禩看相，还曾对胤禩说："皇太子行事凶恶已极，我那边有一些身手不凡的好汉，必要时可用来行刺他。"而胤禩虽然当场予以斥责，并将他赶出去，但玄烨认为这等谋逆大罪竟然完全没有奏闻，足见其心可诛。于是召诸皇子来，生气地表示说他已经知道胤禩柔奸成性、妄蓄大志，还勾结党羽，妄想谋害废太子胤礽，并当场就下令要将胤禩锁拿。这时与胤禩走得近的九阿哥胤禟及十四阿哥胤禵赶紧出来替胤禩求情。结果玄烨听了之后更火，说："你们两个是指望他做了皇太子，日后登基好封你们当亲王吗？你们说兄弟之间混的是义气，我看都是些梁山泊义气。"被责骂之后胤禵急着发誓想

证明自己没有私心，结果在言语上又不小心冲撞了玄烨。这下子玄烨更为恼火，竟然拔出随身小刀说："你要死现在就死。"这时秉性宽厚的五阿哥胤祺立刻往前跪在地上，并抱住玄烨求情，众兄弟也都跪下不断磕头请求皇父息怒。这时玄烨才将小刀给收了起来，然后拿起板子朝胤禵身上狠打下去。胤禟这时又跪下抱住，结果却被狠狠地赏了两巴掌。怒气未消的玄烨，命众皇子用力地将胤禵责打二十大板之后，把他和胤禟二人给赶了出去。不到几天，玄烨便以妄蓄大志、勾结党羽的罪名将八阿哥胤禩锁拿并交司法部门审理。最后胤禩被以知情不举的罪名革去贝勒之衔，而命理师张明德则被凌迟处死。

南部地区近来天灾不断，先是去年遭逢大旱，四境干涸寸草不生。今年好不容易盼到天降甘霖，结果反而又遇涝成灾，放眼皆成汪洋。中央政府为了减轻灾民的负担，已经下令免除明年江南全省地丁银四百七十余万两、浙江全省地丁银二百五十余万两。另外，山东省内二十九州县也因天旱不雨，而得以减免部分税额。

作法害人被举发　大哥胤禔坠深渊

大阿哥胤禔被查出曾经试图以巫术谋害皇太子胤礽

在废太子胤礽、八阿哥胤禩相继失势被禁后，争夺储位的戏码又如电视剧般持续火热上演。日前三阿哥胤祉又向老爸揭发大阿哥胤禔的恶行，说他曾用喇嘛巴汉格隆的厌胜大法，企图以巫术谋害皇太子胤礽。玄烨在得知这样的事情之后非常生气，加上太子被废后，胤禔竟然还曾跑来跟他说："如果想要诛杀胤礽的话，根本不必弄脏父皇您的手。"越是想到胤禔的种种行径，玄烨越是觉得厌恶。在作法器物被搜出之后，胤禔便被以素行不端、气质暴戾的罪名，革去郡王爵位并加以圈禁。玄烨同时也开始怀疑胤礽会出现种种令人失望的行为，全部是受法术之害。忆及过去这几个月骨肉之间发生的重大变故，便不由得流涕伤怀。心软下来的玄烨，于是又把胤礽及胤禩给叫来，并对他们说："自此以后，不要再提起往事，一切从头来过。胤礽现在就于咸安宫中安心静养，我想念时便可随时召见，你们不要再存有任何心结。"原本被判出局的胤礽及胤禩，竟意外再一次获得机会，而想要害人的胤禔却反掉入无底深渊之中。

康熙下令重推太子
众臣口径一致荐胤禩　为免结党成势拒八爷

十一月时，康熙帝叫来满汉大臣，要他们从诸皇子中，除了所行甚谬、虐戾不堪的大阿哥胤禔之外，推举出一人以继任皇太子位，还特别提醒大家不可相互窥看、探听或暗通消息。但领侍卫内大臣阿灵阿等人依然暗中互通声息，均在小纸上书写"八阿哥"三字，然后进呈推举八阿哥胤禩为皇太子的继任人选。不过，令人意外的是，玄烨竟以胤禩过于年轻，最近又犯了错误，且母家过于微贱等为理由而没有同意。政治分析师认为，玄烨可能是见到众臣又统一口径地推举胤禩，发现其勾结党羽且势力庞大，如果让他继皇太子之位，恐怕又会形成一个失制的新权力核心。据记者了解，目前这个拥护

由气象图来看，八号台风正在形成，未来极有可能变成严重威胁……

唔……还是要及早防备啊！

由于众臣口径一致地推举八阿哥胤禩为皇太子，又引起康熙的疑惧

胤禩的集团，除了领侍卫内大臣阿灵阿、散秩大臣（在领侍卫内大臣、内大臣之下的官员）额伦岱、贝勒苏努、大学士马齐等人，甚至连九阿哥胤禟、十四阿哥胤禵都被认为是所谓的皇八子党。

—— 二爷八爷相继获释　胤礽胤禩重见曙光 ——

日前玄烨在宫中召见包括胤礽在内的诸皇子及满洲大臣，然后下令恢复胤礽及胤禩的自由，同时也解释说先前胤礽之所以会发狂患病，并做出一些不好的事情，都是被大阿哥胤禔所害。而现在因为胤礽看起来病情已逐渐好转，也承认自己先前所犯下的错误，所以便将其释放。不过玄烨也提醒胤礽，要与其他兄弟和睦相处。不久之后，八阿哥胤禩先前被削去的贝勒爵位，也获得恢复。两人可说是从死中求生，可以再次投入皇储争夺战之中了。

年度热搜榜

胤礽死中求生　重登太子之位

嘿，兄弟们，让你们失望了……

三月九日，康熙帝玄烨以胤礽之前因患迷惑之病被废，现在已经痊愈而遣官祭告天地、宗庙、社稷，重新立胤礽为皇太子。评论家指出，玄烨因为对胤礽的失落逐渐感到不忍，又对诸阿哥的争储恶斗感到灰心，同时也认为都是大阿哥胤禔施法害人之故，才会让胤礽做出之前那些令人失望的事。在几经思考之后，玄烨终于做出了复立太子的决定，但为了安抚其他阿哥失去成为皇储机会的情绪，也晋封三阿哥胤祉为和硕诚亲王，四阿哥胤禛为和硕雍亲王，五阿哥胤祺为和硕恒亲王，七阿哥胤祐为多罗淳郡王，十阿哥胤䄉为多罗敦郡王，九阿哥胤禟、十二阿哥胤祹、十四阿哥胤祯为固山贝子。但八阿哥胤禩因为之前的事，只留在贝勒爵位而没有晋封。至于大阿哥胤禔，玄烨不但仍未开恩，而且还加派人手对其施以更严密之监禁，以免他趁着众人都到塞外避暑的机会，假借皇太后或皇帝的密令发动政变。同时又议处胤禔的侍卫及党人，将这些依附在他身边的官员，都予以斩首、革职等不同的处分，彻底铲除其势力。

皇帝疗养兼补身　葡萄酒大受欢迎

原本认为酒会乱人心性，是一种无益之物，而从不酗酒的玄烨，最近似乎迷上了葡萄酒，据说每天都会小酌几杯。玄烨在经历了废立太子的伤痛而大病一场后，听外国传教士说西洋的上品葡萄酒是大补之物，凡是上了年纪的人喝了，便有如婴儿服食人乳一般，即具效果。为了治病养身的玄烨，在试饮了几次之后觉得效果不错，如今竟养成了每天喝上几次葡萄酒的习惯，最近还屡屡询问西洋船抵达的时间，以便能取得为数不多的珍贵西洋葡萄酒。不过，也有评论家指出，玄烨之所以对船期如此关心，倒不是只为了葡萄酒，而是之前和罗马教廷之间因敬天祭孔与祀祖的问题发生了严重的冲突，心中一直希望西洋的船队能带来教宗让步的消息。只是不管玄烨心中所想的是什么，由西洋进口的高级葡萄酒确实已成为皇宫中的新宠，相信过不了多久，喝葡萄酒定会成为一种时尚。

太后七十岁大寿 皇帝蟒式舞娱亲

元月十九日，康熙帝特地在宁寿宫举办了一场宴会，来为皇太后庆祝七十岁大寿。这次皇帝不但准备了许多精致奇巧的贺礼，还学起了古时彩衣娱亲的老莱子，亲自在皇太后的宝座之前，跳起满族传统的蟒式舞，以作为祝寿之意。目前这段视频已经被放上网络，并获得数百万人次的点阅。

清廷正式册封六世达赖

在拉藏汗、五世班禅以及管理西藏事务侍郎赫寿的共同奏请之下，之前因年幼且未得青海及西藏诸寺支持，而尚未授封的转世灵童意希嘉措，在已熟谙经典，且渐为青海诸汗所接受的情况下，康熙帝已准予颁授其六世达赖喇嘛的册印，并正式承认其地位。

为什么变成这种舞？

5, 6, 7, 8……

蟒式舞的老师临时生病了，只好找肚皮舞老师代课……

皇太后七十大寿，康熙亲自跳舞娱亲

国库结余共五千万两 全国分三年免征钱粮

玄烨在得知户部算出去年底国库总结余为五千万两白银后，认为时值升平，而每年国家支出都是一定的数额，多增加国库的存银对国家及百姓并没有什么实质上的益处，于是想要免征明年全国各地的地丁钱粮及所有税收，以藏富于百姓。只是这个想法提出之后，掌柜的户部尚书希福纳就表示，虽然全国一整年度的总税收高达一千三百万两白银，但扣掉要发放的薪资军饷后，其实每年的结余不到二百万两，如果年度税额全免的话，那该年度马上便会变成透支的状态。后来汉籍尚书张鹏翮想了一个方法，就是把全国各省按照收成丰歉的情况分成三组，每年停收一组的钱粮，这样三年后全国百姓都可以得到皇上减免钱粮的恩惠，又不会集中在一年实施而导致入不敷出。玄烨最后同意此法，于是下令自明年开始，分批免征全国各省的钱粮，连历年旧欠税款也一并豁免。

官员集体受贿　涉案竟有百人

　　左副都御史祖允图参劾户部尚书希福纳等官员收受供应户部内仓草豆的商人之贿款。结果在下令审查此案后，从商贩金璧等人被查扣的行贿账册中得知，自康熙三十四年（一六九五年）至今，受贿的官员竟有一百一十二人之多，而赃银总数也高达六十四万两。不过，由于涉案的官员人数过多，玄烨在几经考虑之后，决定只对户部尚书希福纳开刀，将其革职，其余涉案的官吏则以勒限赔款了事。评论家认为，康熙晚年之后似有倦勤的情况，不再像年轻时那么有精力细察政事，使得近年来官吏贪污、吏治败坏的情形越来越严重。

江南亏空公款全因皇帝南巡

江南地区不久前被曝有亏空账目的情形后，有关单位便积极介入调查。后来发现被挪用的公款全部用于历年来皇帝南巡时，预备纤夫、修桥补路、开浚河道，以及修建行宫等支出。虽然康熙帝每次南巡时都要一再地特别声明，说沿途所用之物将全部由皇帝的私人账户支出，不得有分毫取之于当地官民之情形，以免形成对百姓的负担。但实际上，为了迎接皇帝的到来，终究还是有许多需提前打点好的事。所以地方官员只好先挪用公款来应

江南地区亏空公款的原因被查出竟然是为了迎接康熙南巡

急，以至于最后亏空了五十余万两白银。原本相关单位建议，除了部分官员应该赔补的十六万两外，其余部分可分数年从负责的官员吏役薪俸中扣抵。不过康熙帝认为如果把官员的薪水扣光了，那地方官无法生活，势必想尽方法从人民身上去榨取钱财，结果只是更加累百姓而已，所以并没有批准这样的建议。最后皇帝做出裁定，以平时宫中甚为节俭，而把这笔亏空的款项纳入宫中的支出中一并核销。

蠲免细则修正　租田佃农受惠

虽然之前便已经决定了在三年之内，全国性地分批蠲免征钱粮，但在十一月时又有官员指出此案中的疏漏之处，就是每次政府下令蠲免钱粮的时候，获益的都只是那些有田有地的人，真正辛勤耕田并要向地主缴纳田租的佃农小户，却没有得到任何的好处。于是建议户部应制定规则，让田主以受惠免纳钱粮中的百分之三十，作为向租地耕种的佃农少收的租金，这样全国的百姓才能真正都感受到皇帝的恩惠。康熙帝在看到此项建议之后，觉得非常有道理，于是立刻批准办理。

年度热搜榜

【康熙五十年】公元一七一一年

久旱无雨 大地干裂　京城设坛祈雨　禁止宰杀禽鸟

今年时逢天旱，大地因久未有雨而一片干裂。为免久旱成灾影响收成，玄烨在五月初已经两度下令京城祈雨三日，并下令禁止打猎放鹰、不准宰杀牲畜禽鸟。祈雨仪式虽然完成了，但天空仍是万里无云，丝毫没有要下雨的迹象。这时在皇太子胤礽及诸皇子随侍下，正于热河行宫陪着皇太后避暑的玄烨，因为时值亢旱自己却身处清凉之地，而感到心中不安。他原本打算取消到九月底才结束的避暑行程而立刻回京，但在五月十一日的时候终于天降甘霖，使得玄烨打消回京的念头，继续待在行宫中避开北京酷热难当的夏季。

科举又见舞弊　贡院变成"卖完"……………………

我是说要改成"卖完"吧……

不对吗?

为抗议考试弊案，考生将贡院牌匾改成"卖完"二字

今年科举再传弊案。顺天的乡试中，考生查为仁的考卷被主考官发现有问题，因为他的卷面籍贯填写的是大兴，册内却又注写宛平籍，所以被高度怀疑可能有人代写，然后买通监考人员代为传递。而江南的考场则在放榜之后，因考试不公引起数百名考生抬着财神像拥进江宁学府，不但把"贡院"（乡试考场）的牌匾用纸糊上改成"卖完"二字，还作了一首打油诗来讽刺主考官左必藩及副主考官赵晋。这首"左丘明两目无珠，赵子龙一身是胆"的顺口溜，意指主考官左必藩像左丘明一样瞎了眼睛（左丘明为春秋时代的一个盲眼史学家），以及副考官赵晋受贿的胆子有如赵子龙一般（赵子龙为三国时代蜀汉的战将）。这两起事件目前已经进入司法调查的程序，涉及弊案的相关人员以及被怀疑文理不通但仍上榜的数名考生，也都被移送相关单位审讯。不过，记者所掌握的第一手资料显示，查为仁的考卷乃是其父找到已经有举人资格的邵坡代写，然后买通考场的办事人员夹带进去。而被怀疑不够资格上榜的考生之中，也确实有人以行贿或代笔的方式来通过考试。据法律界人士表示，像这样证据确凿的情形，失职的官员可能会被革职，受贿官员与行贿的人则大概都逃脱不了死刑，为人代笔的枪手则会被革去原有功名，然后再处以杖徒或枷号等刑责。

泡汤疗法奏效　康熙宛如神医

今年已七十岁高龄的大臣李光地因身患毒疮而行动不便，后来竟然严重到手无法穿衣，脚不能移动。深信泡汤疗法的玄烨认为这八成是李光地吃了太多温补的药物所致，便叫李光地去泡温泉兼用海水泡洗。李光地照着做了以后果真有效，情况逐渐好转，现在已经慢慢地可以恢复行动。之后玄烨在畅春园接见了李光地，并亲视其病疮之处，再特别赐给他鹿尾五条、野鸡十只、海水三坛以继续调养身体。

【康熙小偏方】

大臣李光地在康熙的建议之下进行泡汤疗法，病情果然逐渐好转

玄烨对传统中医及新近的西医都颇有研究，也深信坐汤能够治愈许多病症。除此之外，康熙还有许多治病的小偏方，但这些偏方可不是道士们的符咒或仙丹，而是从全国各处辛苦收集而来，并在经过一些试验之后，玄烨认为有效的。例如：治下痢偏方中须用到兔脑浆；下半身剧痛并出现疱疹可在晚上用醋熏之；咳嗽有血可将止血石挂在头上（但咳黑血时不可挂）；将绿葡萄捣碎取汁以热水服用，再坐于水中可治中暑；把小茴香粉装于小袋之中，温热后敷于风池穴可治头痛，将小茴香换成盐或麦粉热敷也可。但还要提醒各位读者的是，生病宜就医，勿迷信偏方。

南山集案起　戴名世头落

在康熙四十八年（一七〇九年）考取一甲二名的榜眼，现任翰林院编修的戴名世，因卷入文字狱中而断送生命。本案的起因是左都御史赵申乔发现戴名世的作品《南山集》中，有诸多狂妄不谨之处，而予以检举告发。有关部门在经过调查之后，发现《南山集》中确实有一篇给弟子的书信谈到修史之例时，提到本朝当以康熙为定鼎之始，世祖（顺治帝）虽入关十八年，但当时三藩未平、明祀未绝，顺治不得算为正统。其中还有引用另一位已故学者方孝标所著《滇黔纪闻》中，使用南明的弘光、永历等年号的部分内容。结果刑部竟然只因为这样就拟议，将其处以寸磔之刑千刀万剐，而其家族则弃市（在闹市斩首并暴尸街头），未成年者发边充军。至于为其作序、捐资刊印及相关涉案人士，也都应从重分别治罪。玄烨在看过这份起诉书之后，认为牵涉太多人，最后降旨除戴名世处斩、其子发边外，其余人等从宽免予治罪。据初步估计，因为这项赦免而得以逃过死罪者竟多达三百余人。

南山案隐藏版事实　赵与戴争状元肇因

举发戴名世"南山案"的关键人物左都御史赵申乔，虽然多次在媒体上强调他与戴名世之间并无私怨，一切都是依法办事，但记者却发现，赵申乔的儿子赵熊诏，是与戴名世同科考试的状元。在那场考试中，赵熊诏得了第一，戴名世屈居第二。而戴名世一直认为他本来应该是状元才对，一定是赵申乔父子动了手脚才会变成这样，于是口出恶言四处向人抱怨，使得许多人也都认为赵熊诏一定作弊了。这样的传言使得赵申乔非常不满，认为戴名世根本就是故意四处造谣，于是也种下了报复的祸根。虽然作弊的说法到目前为止都查无实据，也极有可能只是戴名世自己有被害妄想症，但是赵申乔恐怕也很难对他与戴名世之间毫无私怨的这种讲法自圆其说了。

据闻，南山案的起因竟是争夺状元之位

这次月考第一名是赵同学……

不公平，他爸是主任，一定作弊了。

── 太子党再度聚集　康熙帝重手打压 ──

最恨人结党聚势的玄烨，在得知刚刚复立为太子的胤礽不但乖戾如故，而且还重聚党羽的情报之后，便在震怒之下大力开铡，将都统鄂缮、兵部尚书耿额、刑部尚书齐世武、副都统悟礼、九门提督（军事指挥官）托合齐等一干依附在太子身边的大臣，全部给锁拿下狱。同时还公开指责胤礽不仁不孝、

无耻至极，竟然与这帮无耻小人交往。然后严重警告胤礽一定要痛改前非，否则随时会把他再拉下来。只是这消息一传出，让原本心都已经凉了一截的众阿哥，胸中又重新燃起了希望，开始盼着胤礽什么时候会再被废去皇太子之位，然后换成自己坐上去。

依附在太子身边的大臣再一次受到康熙的打击，诸皇子又燃起取代太子的希望

179

年度热搜榜

税制创新造福百姓　　滋生人丁永不加赋

中国自古以来，就实施土地及人口双重征税的制度，只是在土地方面可以丈量而取得客观数据，但是在人丁方面则因户籍紊乱，根本无法对人口进行翔实的记录而出现许多的弊病。其中许多懂得如何逃税、避税、节税的豪强缙绅，往往与地方官府相勾结，谎报人丁（成年男子），或将丁银转嫁到一般无知的农民身上，造成了负担不公平的现象。甚至有竟无一丁而免缴丁银的大地主，也有根本没有土地却必须缴纳数名人丁税款的可怜人。那些无力缴交丁银的农民只好选择逃亡，而地方官因为底下的人逃了，凑不齐该上缴的税金，便又把已逃亡的人丁税加到还没逃亡的人身上，结果当然是造成更多的人逃亡。为了解决这个问题，中央政府日前颁下新的规定，以康熙五十年（一七一一年）的人丁数为基准，以后若有滋生人丁，也永不加赋，把丁税负担冻结在一个点上。经济学者指出，此法虽然仍无法解决丁税不均、穷民负担过重的问题，但仍是跨时代的进步，让人民免于被无上限的人丁税给压死，可说是一盛世之举。

康熙寿将六十　　无视尊号虚名

由于玄烨的六十岁寿诞即将来到，想要拍马屁的诸位王公大臣又想出新噱头，直说皇帝"论功则超越三王，语德则包涵二帝"，所以请求为康熙帝加上尊号。玄烨对此则是冷冷地回复说"上尊号以取虚名，对于治理国家根本没有什么帮助，朕不喜欢这种事情"，而断然加以拒绝。其实，资料显示，早在平定三藩、收降台湾、亲征噶尔丹胜利，以及康熙五十大寿时，大臣们都曾奏请要为皇帝加上尊号，只是玄烨始终都保持一贯的态度，并没有同意这种拍马屁的行动。

胤礽再度落马 痛失皇储之位

皇储废立风波又起，大前年（一七〇九年）才刚重新坐上皇太子之位的胤礽，日前又从云端跌落地面，第二次被废去继承人的资格。据皇室高层表示，由于胤礽恢复为皇太子之后，仍然勾结党人，而且乖戾的行为始终未见改变，让玄烨不得不始终对其保持戒心，甚至每次出巡时都要把他带在身边，以便就近监视。日前，玄烨再次做出痛心的决定，御笔朱谕诸王大臣，以皇太子狂疾未除秉性凶残，是非莫辨还与恶劣小人结党，大失人心，祖宗宏业不可托付为由，再次废除胤礽皇太子之位并予以禁锢，并同时下令今后不许有人再保荐胤礽为皇太子。一般认为，这次胤礽应该是真的玩完了，不会再有机会重回储君之位。至于其他的诸位阿哥中，谁可以争得这个宝座，目前也没人说得准，可说是人人有机会，个个没把握。

胤礽再次被废太子，使得皇子们又开始摩拳擦掌，准备争夺皇储之位

年度热搜榜

康熙正式册封班禅额尔德尼

康熙帝于元月遣使远赴西藏，正式册封五世班禅罗桑益西贝桑布为"班禅额尔德尼"（"班"是梵文"班智达"，也就是博学之意，"禅"是藏文"钦波"，是大的意思。班禅意为通晓佛学的大学者，"额尔德尼"则是满语的音译，意思是珍宝），并赐给金册、金印。政治分析师认为，清廷这次正式确立班禅宗教领袖地位的举动，真正的用意应该在于暂时延缓其内部的宗教冲突，以稳定西藏的局势。

康熙六旬寿诞　数千老叟赴宴

今年适逢玄烨六十大寿，有许多官民由各地特地进京为康熙祝寿，其中有许多是上了年纪的老人。于是玄烨便传谕属下注意，若发现有老人身体微恙、水土不服者，必须立刻将其送至太医院看治。然后又分别于三月二十五日、二十七日在畅春园正门外，以两梯次分别宴请"直隶各省汉大臣、官员、庶人"及"八旗满洲、蒙古、汉军"等六十五岁以上来京祝寿的老人，总计受邀与宴的人数多达六千八百四十五人。宴会中玄烨还特别要十岁以上二十岁以下的宗室子孙担任招待，为来宾斟酒。同时为体恤这些老者，特赐他们在参与宴会时不必起立，还让人扶着八十岁以上的老人到御前，由皇帝亲赐饮酒。宴后还赏赐给退休官员们袍帽等用品，并依年龄赏给白银。另外，也在畅春园皇太后宫门内外，摆桌宴请八旗中七十岁以上的老妇人。这次的千叟宴，确实让所有前来与宴的老者都感受到相当的尊重，也为康熙帝赢得极高的人气。

数千名老者参与了庆祝康熙六十寿诞的千叟宴

今天真是感觉整个人都年轻了不少……

哦，怎么说？

因为来的人年纪都比我大……

【千叟宴菜单】

铜火锅两份、猪肉片一份、煸羊肉片一份、煸羊肉一盘、烧狍肉一盘、蒸食寿意一盘、炉食寿意一盘、螺蛳盒小菜两份。二品以上官员的一等桌则多加鹿尾烧鹿肉一盘、荤菜四盘。

政府下令查禁淫词小说

最近市面上出现了许多内容荒唐、露骨下流的淫词小说，使得许多愚民士绅都受其蛊惑，世道人心也日渐败坏。于是在玄烨的命令下，经政府高层开会决议，对于此类书籍从现在开始一律严加查禁。现已刊印者，一律毁版毁书，如果再有刻印发行者，官员则革职，军民则杖一百加徒刑三年、流放三千里。主管官员未能查出者，初次罚俸三个月，第二次罚俸一年，第三次则降一级调用。

总督噶礼阴谋害母 罪证确凿被令自尽

原任两江总督噶礼，其母在四月时叩阍（民人到朝廷申冤）状告其子噶礼及小儿子色尔奇，以及噶礼的儿子干都等，说他们令厨师在饭菜中下毒，意图谋害自己，同案也举发了噶礼等人另外所犯下的许多凶恶暴行。由于噶礼的母亲是当今皇帝小时候的乳母之一，所以玄烨对此案特别关注，立即派人详察审问。不久，在证明所有的罪状都确有其事之后，噶礼及其妻便被下令自尽，其弟色尔奇、其子干都判处绞刑，并在狱中等候执行。

高温爆表 康熙体恤官员囚徒

入夏以来高温不断爆表，使得康熙帝破例下令诸大臣、侍卫于早朝完毕之后便可返家休息，而巡守及执事人员除值班者外，也都放高温假不必上班。受到体恤的不止这些公务人员，连京城中的囚犯皇帝也想到了。狱中的管理人员已经接获命令，在狱中放置冰水以降低室温，遭到锁禁的犯人也酌量减少锁条，被枷号者则全部暂时释放，待日后再把刑期补完。

考生注意！ 考场新规则公布

长久以来，不断发生的考试弊案一直是个令人头痛的严重问题。为了防止舞弊事件再次发生，政府日前已经修改了部分的考场规则。这次公布的新规定有以下几点，请考生们一定要特别注意：一、考生进入考场，只准穿折缝衣服、单层鞋袜，并且只可以携带篮筐、小凳、食物、笔砚，其余物件都不准携入，以防夹带小抄。二、添设考场稽查官员，考生一旦依其编号进入个人小考场内，便不许再私自从栅栏出入。三、天晚时不准收卷，即行封门。四、考务人员对于考生将严加查核身份，以防止顶替代考。五、放榜后，合格的录取者必须亲自在规定期限内，到府丞衙门填写亲供，然后连同试卷一同送部查验笔迹是否吻合。同时，也要再将考场的围墙加高，由土墙改成砖砌，并与考生的窝铺席棚保持一段距离，以防止有人从墙外传递物品进来。

由于考试舞弊事件不断发生，政府只好又制定了更严格的考场规则

184

八阿哥不知何故进献了两只将毙的老鹰，让觉得触霉头的康熙大为生气

胤禩惹怒老爸　康熙撂下狠话

玄烨在十一月与诸皇子前往热河行宫巡猎之时，八阿哥胤禩不知道什么缘故，竟然进献了两只垂死的老鹰。这个举动让玄烨觉得大触霉头，因此十分生气地叫来诸皇子，然后又把之前相面人张明德的事拿出来，说胤禩之前想要找人谋害胤礽，现在又因自己没有被立为太子而怀恨在心，更气呼呼地说："哼，事已至此，朕与胤禩的父子之恩可说是断绝了。不过，朕恐怕你们日后有人会如猪狗一般与胤禩勾结，兴兵发难，逼我逊位给他。如果事情真的发展成这样的话，那朕

也就认了。朕现在特别告谕你们几个，要念朕慈恩、遵朕之旨，才合乎为人子、为人臣的道理。不然，待日后朕临终之时，一定会发生把朕的尸体丢在乾清宫不管，而兄弟之间拿刀互相争夺皇位的事。朕告诉你们，虽说二阿哥胤礽悖逆屡失人心，但八阿哥胤禩则屡结人心，心中阴险的程度比胤礽还要高上百倍。"虽然胤禩不断澄清自己是冤枉的，但从玄烨越来越生气的样子来看，无论是怎样的解释应该都完全听不进去了。

年度热搜榜

谁是接班人？八阿哥出局！
胤祉胤禵最有希望　四爷低调鸭子划水

目前最有希望夺冠的是3号及14号，但4号也紧迫在后。

玄烨继去年公开谴责八阿哥胤禩结党为乱，密行奸险之后，于今年元月再度对胤禩出手，以其行止卑鄙污秽为由，下令停止发给胤禩及其属下护卫官员俸银禄米。看来，继胤礽之后，八阿哥的争储之路也已经走到了尽头，正式宣告玩完了。目前台面上最具竞争力的除了三阿哥胤祉、十四阿哥胤禵外，行事低调的四阿哥胤禛可能也是一匹值得注意的黑马。不过，也有人说表面上看起来完全没有野心，与诸兄弟始终维持着良好关系，也从来不在玄烨面前争宠的胤禛，根本是因为工于心计而特意营造这种低调形象的。据

可靠消息来源，不久前四爷手下的属人戴铎在湖广出差时，曾给胤禛写了封密件，内容竟然提及如何才能争取到皇帝的青睐，然后不着痕迹地合法获取储君之位。而信的内容大致上是说：一、在皇帝面前的表现要拿捏得当，既要表现出能力，又不能太过强势而让皇帝起疑，并且一定要事之以孝。二、兄弟之间要保持谦和及忍耐，令有才能者不忌妒，无才能者感到可以倚靠，千万不可强出头而成为众阿哥攻击的目标。三、对皇帝身边的人，不管是满人还是汉人，重臣要员还是宦官之流，都要待之以礼，对他们特别好，这样他们便会在皇帝面前说好话。四、对于各部门的事不要多管，以免树敌，但对于本门的人，则要刻意栽培，帮助他们有升官或重任的机会，以培养好自己强而有力的班底。看来，如果一切真如传言所说，那四爷便将是胤祉、胤禵的一个可怕对手。

准噶尔部兴兵侵扰哈密　策妄阿拉布坦觊觎西藏

　　三月时，准噶尔部的策妄阿拉布坦无端兴兵，率领着两千名兵马对哈密地区进行骚扰。甘肃提督师懿德闻讯后派肃州总兵率兵前往应战，并立即将军情快速往北京呈报。不过，长期研究西北情势的学者表示，当前的焦点不应该只局限于哈密地区的战事，更要仔细分析策妄阿拉布坦对西藏方面的企图。野心勃勃的策妄阿拉布坦在之前西藏当权者桑结嘉措被杀后不久，便已开始觊觎西藏，并在去年（一七一四年）通过联姻，把拉藏汗儿子噶尔丹丹衷接到伊犁迎娶自己的女儿，来松懈拉藏汗这位目前西藏掌控者的戒心。未来他是否可能会对西藏有进一步的行动，是值得观察的。

对西藏觊觎已久的策妄阿拉布坦通过联姻来松懈拉藏汗的防备

187

─蒙古暴雪肆虐　牲口冰封冻毙─

因蒙古地方元月开始便笼罩在罕见大雪之下，一片冰天雪地，使得倚仗放牧为生的当地百姓遭逢重大危机。玄烨在得知此讯后，已立即派人分由张家口、古北口、喜峰口三路赴蒙，调查沿途牲畜受灾的情况。三月时，官员回报说发现为数不少的牲畜冻成冰柱死在冰天雪地之中，于是玄烨决定对遭受雪灾的蒙古民众给予赈济。目前受灾户中的穷困者共四千九百余人，政府准备为十岁以上的人丁每人给予乳牛一头、母羊三只，但会折成现银发放，预计动用经费大约十万两白银。

康熙体衰无法写字　改以左手续批奏折

老师，我手痛……今天可以不写回家功课吗？

不行！你应该以皇上为榜样，改用左手写功课。

虽然康熙近来健康状况不佳，右手已经无法写字，但他仍坚持以左手亲自批阅所有大臣的奏折，不愿假手他人或休息

这几年玄烨的身体状况可说是日益衰弱，甚至最近都已经严重到右手没办法写字。虽然如此，对于每天数量庞大的官员奏章，玄烨仍然不假他人之手，坚持每天亲阅亲批。右手不便书写的皇帝，已暂时改换左手批阅奏章。为此，玄烨还特别告谕官员们说，看到朱批歪歪斜斜的字，千万不要以为是他人假冒，这是他暂时改成用左手书写的结果。而据政府高层表示，玄烨近来时常头晕目眩，两眼发昏，有时连行动都需人在旁搀扶，健康状况真的是大不如前。

高科技隐形墨水上场　废太子寻求东山再起

你看！只要用火一烤，这重要文件上的隐形文字就清楚地浮现出来了。

博士……烧……烧起来了……

废太子竟以隐形墨水写成机密文件，以寻求东山再起的机会

在玄烨已经下令禁止官员们再为废太子胤礽保奏之后，却仍有官员心存侥幸，利用高科技的隐形墨水与胤礽之间互通消息。原来，胤礽在第二度被废去继承人之位后，便一直寻找东山再起的机会。他趁着御医贺孟频为其福晋看病的机会，偷偷地用矾水写成隐形的秘密文件，然后托贺孟频带去给正黄旗满洲都统普奇，希望普奇可以在对西北用

兵这件事上，保荐胤礽为大将军领兵出征，以寻求建功翻身的机会；在两人多次秘密地通信之后，被辅国公阿布兰探知此事，原本阿布兰还在犹豫是否要出面举发，后来在八阿哥胤禩的授意之下，阿布兰才正式出面告发此事。结果普奇被下令拘禁，御医贺孟频则被判处斩监候，而胤礽则是掉入更深的幽谷之中，深得已经看不到太子之位在哪里了。

垦台之议未蒙恩准
闽抚满保看风使舵

请问当您提出的政策与上级不同时，您是会继续坚持理念，还是会辞职下台以示负责呢？

别开玩笑了，这有什么好坚持的，当然是政策转弯，保住饭碗比较重要。

GQ

福建巡抚在提出垦台的建议被康熙否决之后，立刻见风转舵，大赞皇上圣明

福建巡抚满保之前上奏，建议招募内地人员前往开发地广土肥的台湾中北部地区，以增加农产及钱粮的收入。但是康熙帝在看过这份报告之后批示说："为了广行开垦而招募许多人到台湾，是只见眼前利益的做法。以长远眼光来看，如此将导致后患无穷，到时像郑氏一样的反政府分子又聚集于此，必会滋生事端。此事应再加详商考虑，不可轻忽。"而满保在发现玄烨不鼓励这么做之后，赶紧再上一份报告，表示在收到皇上博闻远虑的圣旨之后，已经改变了想法，垦田之事即行停止，并严巡各关口制止私渡。看来能为自己的主张坚守立场的官员还真没有几个，大部分都只是些见风转舵，以求保住官位的家伙罢了。

英中商贸关系大跨步

英国东印度公司为了拓展中国市场，已在广州设立一处有固定办事人员的商船作为商馆，并定期派船只往来贸易。另外，在广州海关的同意之下，英国人也获准在当地自由进行贸易，可以雇请中国人，也可以在当地购买食物及其他必需品，如有要修理船帆等事由时，也可以在岸上暂时搭起帐篷。同时，官方也同意悬挂英国国旗之舢板驶过关口时不必受检，船员衣物口袋也不予搜查。经济学家预测，有了这样的协议之后，英国在广州的贸易将越来越频繁，可能会发展成所有西洋国家之中，与中国贸易总额最高的国家。

年度热搜榜

【康熙五十五年】公元一七一六年

出巡巧遇民宅失火 康熙再扮救火英雄

玄烨日前外出巡视时，刚好遇到百姓家中大火。于是之前已有过救火经验的玄烨，便亲率众大臣、侍卫、护军等一同加入救火的行列，进而顺利地扑灭了大火。第二天，许多受灾的百姓前来叩谢救火之恩，玄烨还赏给前来谢恩的人各三两银子，同时赏给房子被火烧掉的张姓人家二百五十两银子作为慰问之意。

赵凤诏自称清廉 竟也被查出贪赃

原本自称"为官清廉，一文不取，取钱无异妇人失节"的太原知府赵凤诏，被司法单位查出巧立税款、勒索银两、贪赃十七万余两白银的罪行。而赵凤诏的父亲户部尚书赵申乔，在得知儿子竟犯下此等大罪时，感到又羞又怒，立刻上疏表示自己管教无方，要求严惩赵凤诏并将自己免职谢罪。不过玄烨在通盘了解后，认为老爸赵申乔为官清廉，与此事无关，仍命其照旧任职不受牵连。但对于赵凤诏，康熙帝可没有那么简单放过他，因为他还奏称过之前因贪渎被拿的噶礼为第一清官，还说全天下不要钱的官只有噶礼一人。两人如此狼狈为奸，被认为犯了欺罔之罪，堪称不忠不孝，所以最后被判处斩，并追回所贪赃款。

一向以清廉自称的太原知府赵凤诏竟然也被查出有贪赃的情形

奉命祈雨未到 官员遭受惩处

玄烨在四月中往热河避暑不久，便因久旱而再次传谕在京大臣进行祈雨。不过，后来他又发现许多官员仍旧每天安逸在家，并没有把天旱民饥这等大事放在心上，甚至也没有按照圣谕亲到会场祈雨，于是下令严加清查祈雨未到的官员，然后分别予以革职、降级等处分。而玄烨在得知京城米价因久旱而上涨不少之后，也立刻下令售出三万石米以稳定市场价格，并将自己的用膳改成每天只进一餐，做到先人而忧、后人而乐的要求，以共体民间疾苦、感应天和。过了一个星期，在得知京城已连日降下大雨的消息之后，他才恢复正常的用餐。

摊丁入亩试办　贫农得以喘息

政府再度在税制改革上跨出一大步，决定于四川、广东等地试办摊丁入亩的新税制。也就是说，把每年应收的丁银（成年男性人口税）总额，分摊到全省的田赋之中，而不再对人丁征税，人民只需缴纳单一的土地税额即可。就广东来说，每亩土地原本的税金大约是一两白银，将原本全省要征收的丁银全数均摊到所有土地上之后，每亩土地则必须缴交一两一钱多，但原本要缴纳的丁银则不必再缴。这对穷苦的农民来说是一件好事，因为农民的土地少，需要的劳动人口多，所以本来要负担的丁银便是一项沉重的负担。如今这些丁银都摊到了土地上，由拥有大量土地的地主来分摊这些税金，而这些多出来的税金其实对富豪地主来说，也不会造成太大压力。同时，摊丁入亩还可以简化税收的手续，不但更容易收到税，保证了国家的税收，同时还大大减少了官员们在收税时上下其手、营私舞弊的机会。若实施成效不错的话，未来应该有可能会推广到全国。

新制度将部分税金分摊给大地主，减轻了小农的压力

严防海盗出没抢劫
往台船只集结出航

因为东南沿海最近时有海盗劫持过往的零星商船，所以福建巡抚陈璸便上疏建议，让贸易的船只在聚集了二三十艘之后才一同出发，同时由海防部队派出三四艘哨船随行保护，以免再遭海盗袭击。康熙帝在批准了此一计划之后，又针对南洋方面的贸易做出了最新的指示。康熙表示，由于近年来发现民人前往南洋一带进行贸易，有将大量的米粮、船只卖到吕宋等地的情形，甚至有人还出洋不归、留居海外。这些情况不能不防，要不然千百年之后，西洋诸国可能会对中国不利。于是下令相关单位，就禁止南洋贸易的相关事宜详加讨论，并于近期内提出报告。

康熙推行只有他本人可以拆阅的密折制度

康熙准许密折奏事　亲阅亲批不假他人

玄烨因外任官员于请安折中内附密陈之事而得到启发，觉得这个方法很好，可以直接掌控许多情报，于是命朝中大臣以后有事皆可以密折进奏，并表示所有奏折都会由他本人亲自批阅，而不会被其他人知道，所以不必担心被报复的问题。评论家们一致认为，这个方法的确可以有效地管控臣子，虽然所有人都只知道有人进密折奏事，但却完全无法得知密折中所讲的是什么事，如此将使得官员们更加惊惧警惕，不敢轻易犯错。只是这种密折上奏的方法，会耗去批阅者大量的时间与精力，所以皇帝能不能坚持下去，就成为个中成败的关键。

准噶尔暗发奇兵　拉藏汗竟遭夺命

由于达赖的转世灵童并未得到认可，准噶尔部的策妄阿拉布坦妄图夺取西藏的控制权，以护送女婿噶尔丹丹衷夫妇回去探亲为由，在十一月派了一支六千人的部队向西藏进发。这支部队还特意选择了一条海拔极高、人迹罕至的行军路线以隐匿行踪，昼伏夜行，越过和阗南大雪山，神不知鬼不觉地由西藏边隘入侵，所以当拉藏汗发现时已经措手不及。同时，策妄阿拉布坦也于暗中派出一支为数三百人的部队，前往青海挟持格桑嘉措（之前由三大寺支持的六世达赖，但未获清廷承认），然后与大部队会合，之后再以护送格桑嘉措到布达拉宫坐床为由，向拉萨挺进。受到威胁的拉藏汗因为误判形势，以为可以用和谈来解决这个危机，而终至兵败被杀，拉藏汗拥立的达赖意希嘉措也被囚禁于药王山。不过，由于西藏距离北京路途遥远，所以清廷可能在明年之前，也无法完全掌控这次西藏局势变化的相关细节。

年度热搜榜

清廷下令禁止与除日本外的对象进行贸易活动

新规定公布
南洋贸易遭严禁

去年底受命研议禁止南洋贸易的相关部门，在元月提出了施行的办法，并经批准实施。这项重大的改变包括：一、从事贸易的商船仍然允许与日本进行买卖，但严格禁止与南洋方面贸易往来，并由福建、广东水师严行缉查。二、造船厂于船只完工之后，必须经地方官检验然后发给印烙，再由船户填写具结，出洋时按结单检验放行。若有人把船只卖给外国，则卖船、造船之人一并立即斩首。三、严禁滞留外国不归，一经发现，同去而知情的人枷号三个月，然后由政府行文所在国家，将人员押解回国并立即斩首，失察或隐匿不报的地方官，则从重治罪。此项最新的规定，已经谕知沿海诸省的督抚提镇严格执行。

皇太后高龄驾鹤
康熙帝泪流满面

日前已染重病而导致双足浮肿、麻木无法行动的玄烨，在听闻皇太后病危的消息后，立刻以手帕缠裹双脚，乘着软舆来到宁寿宫探望。之后，因嫡母（皇太后为顺治帝之正宫皇后）病重，自己也不安心住在原寝宫，玄烨便不顾自己的健康状况而迁至靠近宁寿宫的苍震门内搭设帐篷暂住。据了解，皇太后生性善良也从不干预政事，她虽然不是玄烨的亲生母亲，但两人相伴的时间已经长达六十四年。而玄烨的心思则是十分细腻，对长辈的关心及照顾可说是无微不至。两人之间虽然没有血缘关系，却能相互体贴，彼此的关系可说是由疏而亲。所以在十二月六日，皇太后以七十七岁高龄辞世之时，玄烨便因为失去皇室中唯一可以对他表达爱恤之情的长辈而痛哭失声，悲伤不已。

康熙预立遗诏　仍未指定皇储

　　玄烨在今年十一月，史无前例地对诸皇子及中央核心官员预先宣布了自己的遗言。玄烨的说法是，在中国历史上，他可说是在位最久的一位皇帝。但回顾以往所有帝王的遗诏，似乎都是在人已经昏迷的情况之下所作，而这样的遗诏如何能完整表达出自己真正的想法？所以他便决定预立遗诏，将自己一生行事，以及目前的身体状况与一些想法，都完整地加以描述。只是对于大家最关心的立储问题，仍以现在还不是立储分权之时而轻轻带过，没有给出明确的答案。最后玄烨还表示，这些想法已在他心中构思了十年之久，日后他驾崩颁布遗诏之时，也就是这些话了。不久，他又将这份遗诏的手书汉文谕旨，令大学士翻成满文进呈。不过，后来大学士又问是否还有其他内容要交代时，又惹得玄烨不太高兴，因为这摆明了就是在问可不可以顺便把皇太子定下来。虽然玄烨为此不高兴，但其实大臣们想得也没有错，要是没有预立太子而哪一天皇帝突然驾崩的话，照目前诸皇子对于继承人之位竞争如此激烈的情况来看，恐怕将无法避免一场流血恶斗，甚至连大清国好不容易建立起来的基业就这么给毁了也说不定。

康熙虽然公布了遗诏，但对于众所瞩目的接班人选却只字不提

195

年度热搜榜

【康熙五十七年】公元一七一八年

官员太不识相 竟奏胤礽仁孝　一大批人受累遭到严惩

年初又有不识相的官员想要保奏废太子胤礽，但由于之前玄烨已经再三告诫不得再为胤礽说话，所以这次的事件便变得十分严重。而闯下大祸的人就是翰林院（职掌修史编书、文辞翰墨、皇室侍讲的核心官员储备所）检讨（负责文书校注的官员）朱天保，因为

是谁说的？

他！

他……

他说的！

他告诉我的！

朱天保奏请胤礽复立为太子的案件，牵扯出一大批官员都受到严惩

他在奏章中特别提到"胤礽仁孝，圣而亦圣，贤而亦贤，请复立为皇太子"，结果玄烨便质问他是怎么知道胤礽仁孝的。于是朱天保只好老实回答说是听他爸爸，也就是原任职侍郎（高级官员）的朱都纳讲的。于是玄烨又叫朱都纳来质问，结果不问还好，一问就牵扯出朱都纳的女婿戴保以及一大批人来。最后政府高层讨论之后，朱天保、戴保被立即正法，朱都纳及其他相关人等则是永远枷号。另外还有一些受到牵连的官员，也都分别受到革职、枷号、鞭打、拘禁等处分。

清军援藏竟惨败　准噶尔军续东犯

在事发一年之后，清廷终于在年初收到拉藏汗生前所发出的求援信。由于事态严重，康熙帝随即任命额伦特为主将，色楞为先锋官，率领一支总数七千人的援军，由青海向西藏进发。但由于事出仓促、准备不周，加上两位将领之间又意见不合，以至于清军一进入藏北便遭到准噶尔军的围攻。清军粮草补给线被断，遭到惨败，主将额伦特也同时战死。准噶尔部在得胜之后，气焰大涨，目前已经继续向东进犯。

十四爷领军西征　受命称大将军王

受命为大将军王的十四爷，在皇储之争中被各界认为已占了上风

在援藏部队意外遭到惨败之后，清廷已经重新调整对西藏方面的军事布局。十四阿哥胤祯为抚远大将军，使用正黄旗纛代表皇帝，从京城率领三支部队，分三路向庄浪、甘州以及西宁进军。同时提升四川巡抚年羹尧为总督并兼管巡抚事，以扛起督兵重责，事先准备好由四川入藏的新行军路线。另外，记者也探得，与十四阿哥交情颇深的八阿哥胤禩及九阿哥胤禟，在获知胤祯出任抚远大将军的消息之后，可说是异常兴奋。尤其是胤禟，还多次送银两到胤祯家中，嘱其早成大功，得立为皇太子。根据在场的人转述，十四阿哥当时得意地对胤禟说："皇父年高，皇太子这个差使想必是我的了。"而九阿哥在离开后也对他自己的亲信表示："十四爷现在出兵，皇上看得很重，将来这皇太子想必是他，到时依我们的交情，必然会听我几分话。"看来，由固山贝子破格提拔为大将军王，一切礼仪皆准用王爵规格的十四阿哥，目前在皇储竞赛中似乎已经占了上风。

历时十一年全新方法绘制　铜版《皇舆全览图》刊印

自康熙四十七年（一七〇八年）正式启动，历时十一年的《皇舆全览图》绘制工程终于完成。《皇舆全览图》被铸成铜版刊印，列为机密资料颁发给相关衙门。《皇舆全览图》的比例为一比四十万，范围东北至库页岛，东南至台湾，西至伊犁河，北至北海，南至崖州。除了新疆地区因正处于争战之中而未能详尽绘制外，它经实际测出经纬值的地点有六百余处，是有史以来第一幅绘有经纬网的全国地图。绘制过程中，动员了耶稣会传教士雷孝思、白晋、杜德美，及国内的学者何国栋、索柱、白映棠、贡额、明安图，钦天监的官员，理藩院官员胜住等十余人，实地到各省以天文观测与三角测量法绘制。《皇舆全览图》共以四十一幅分区图拼出大清国的所有疆域，图中所有的城镇、山岳及河川都翔实描绘，东北和蒙藏地区注以满文，其余各省份的所有资料都以汉字注记，可说是具有划时代的意义。

耗时十一年，动员数十位国内外地理学者绘制，中国有史以来第一幅绘有经纬网的《皇舆全览图》终于刊印完成

嗯，绘制得真精细。

中俄边界拖延未定　清廷出手断其财源

虽然之前在签订《尼布楚条约》时，双方对于喀尔喀蒙古的边界问题决定日后再议，但沙俄为了能获取更大的侵略利益，采取了拖延划界的策略，对于大清国所提出议定边界的要求，十多年之间都未曾予以回复。而这种态度终于激怒了清廷，理藩院已于今年五月致函沙俄政府，拒绝其商队入境，并暂时中止两国之间所有的经济贸易活动。据估计，光是从康熙三十七年（一六九八年）到去年的这二十年间，沙俄商队的入境记录

就高达十次之多。而每次都是以数百人的阵仗，把从西伯利亚掠夺来的珍贵毛皮等物品运到北京高价出售，然后再把中国生产的高级绸缎、布匹和金银等东西运送回国转卖，从中赚取高额的利润。由于沙皇彼得一世统治以来，不断向外扩张势力，结果庞大的军事费用已经造成国库空虚，因而急需在各地广辟财源。所以清廷这项反制行动应该会有不小的杀伤力，极有可能迫使彼得一世就两国的边界问题开始进行谈判。

康熙狩猎记录公布　虎熊豹鹿数量惊人

由康熙公布的记录来看，其一生狩猎的动物数量相当惊人

耶！

喜爱行围打猎的玄烨，日前公布了他一生中以鸟枪弓矢所捕获的猎物总数，总计有老虎一百三十五只、熊二十头、豹二十五只、野猪一百三十二只、猞猁狲十只、野狼九十六只。另外，哨获之鹿则高达数百只，而其他在围场内随意射获的野兽更是多得无法计算，甚至还有在一天之内就射下三百一十八只野兔的记录。玄烨得意地对众阿哥及侍卫表示："如果是平常人，只怕射了一辈子也达不到朕一天的数量。朕之所以要告诉你们这些事，是因为你们都还年轻，只要能每天勤加学习，就没有办不到的事情。像我也不是生下来就会啊，也是经由不断地学习才有今天的成就。"玄烨的这番话也是在鼓励年轻人要不断学习。

【专题报道】木兰秋狝

"木兰"为满语，意为哨鹿用的哨子。"秋狝"则为皇帝的狩猎活动，因为大多选在秋天鸟兽肥美的季节举行，所以称为秋狝。承德的"木兰围场"之内山峦连绵，森林密布，各类飞禽走兽极多。每次行围所动员的人数大约是一万二千人，其中各部院的官员也都被要求参加以便熟习骑射，而蒙古各部落的王公贵族也要率部前来协同狩猎。在正式开始前，会有一位向导官，先率领各将校前往探勘往返之路程，再责令相关单位将有问题的道路、桥梁或驻营地等修葺完毕。然后在出发前再指派许多的参领及数百名的护军，负责运送辎重、营建幔城、守卫警跸等工作。行围时，还配有手持长枪专门杀虎的虎枪营，在御前分成十列以为前导。若遇到老虎出现时，则听皇帝的命令以长枪将其刺死。同时，为了皇帝的行围安全，还有经过特种训练的御枪侍卫，专门在皇帝行围时，以火器翼列随扈，防止野兽奔突伤人。除了由上三旗的兵马及亲军数百人组成的侍卫军随行外，还有护军营、前锋营、火器营、健锐营、善扑营等数十名军官及七百名士兵组成的护卫队，以保护行围人员的安全。在狩猎时，所有的人都住在营帐之中。皇帝的御帐之外会有南北二十丈六尺、东西十七丈四尺，以布围起的幔城，再往外十余丈则架起以黄色绳网围住的圆形网城。网城外是称为内城的连帐，由一百七十五座帐篷组成，留下东、西、南三个旌门开口，分别树起镶黄、正黄及正白等上三旗。再往外一圈则是

> 哎？不是会出现母鹿吗？

哨鹿的方法是由一人伪装成公鹿，然后以哨音吸引母鹿前来而加以猎捕

以二百五十四座连帐组成的外城，并以镶白旗建东门、镶红旗建西门、正红旗建北门，及正蓝、镶蓝各轮一日建南门，共做出四个开口。再外则以镶黄护军、镶红护军、正蓝护军、镶蓝护军，分别在东北、西北、东南、西南四个区段，设置四十个警跸帐。外城的东边约六十丈处，则搭设内阁、六部等的衙门官帐，作为随行官员办公之所。距离御营二里外设有前锋营，并依地形设置若干的巡逻岗哨，御营与前锋营之间则会设置一二个中营。

正式的狩猎活动又可分为"围猎"以及

在为期二十天左右的狩猎活动结束之后，蒙古各部会在宴会上表演布库等

"哨鹿"两种。围猎是在每天黎明之前，由各管围大臣分别率领所属的骑兵部队，先整齐划一地按照标准操作程序围成一个范围广达数十里的大包围圈，然后再从四面八方开始向内收缩，等到范围缩小到距离大营只有两三里的平坦处时，再由虎枪营的士兵及满蒙各部族的"射生手"围成第二道圈。在日出之前，皇帝会率领诸皇子及大臣、侍卫等由大营出发，先抵达大围圈内的"看城"，并亲自监督厨房人员准备要赐给御前大臣、侍卫及扈围之蒙古王公们的饮食。当围圈在看城之前收缩到人并肩、马并耳的阶段之后，皇帝便骑马出看城，在众人拥护之下开始射猎，或是命皇子或侍卫进行射击。如果有野兽逸出围外，或围内的野兽过多，皇帝则会下令围开一面，让射生手进行追捕。要是有老虎出现时，则先由虎枪营刺虎之后再继续狩猎行动。而进行"哨鹿"时，则会先命一侍卫，戴鹿头吹鹿哨以吸引母鹿前来，然后再加以猎捕，得手之后随即饮用鹿血，并取出鹿肝、鹿肉烤食。

在为期二十天左右的狩猎活动结束之后，就会开始举行大规模的庆功及惜别宴会，同时观看蒙古的赛马、什榜（演奏），以及布库等表演。从另一方面来看，木兰秋狝不但是一项狩猎活动，更是一项大规模的军事演习，同时也肩负联络巩固蒙古各部族与清廷之间关系的重要功能。

康熙灵机一动，想出一个可避免不必要的抗争，又迅速恢复对西藏管理的方法

以护送新达赖为名
清廷将遣重兵入藏

九月时玄烨得到情报说，在入侵西藏的准噶尔部队及当地的喇嘛之中，一直盛传着西宁的新胡必尔汗，也就是之前三大寺拥立的格桑嘉措，才是真正的达赖喇嘛转世。于是玄烨灵机一动，决定顺势将格桑嘉措封为六世达赖喇嘛，并赐给金册、金印，然后在明年天气合适之时，以护送新达赖喇嘛至藏地入坐为名，兵分两路，一路集兵六千由青海入藏，另一路集兵两千由四川入藏，如此则可避免不必要的战争，迅速恢复对西藏的管理。

张瞎子算命预言　十四爷贵不可当

十四爷，您命格真是高贵无比，将来一定……

喂！我在这儿……

以大将军王的头衔领兵前往西藏平乱的十四阿哥胤禵，近日来声势可说是快速蹿起，不论是他自己还是文武官员，都已经觉得皇太子之位非他莫属，所以大家便又开始一窝蜂地争相逢迎。听说，陕西临洮知府日前就找了一个名叫张瞎子的算命师，长途跋涉特别跑到西宁去为十四阿哥算命，还预言说："十四爷文武当权，贵不可当，将来定有九五之尊的运气。"虽然这话旁人听起来就觉得很假，但据说十四阿哥却高兴地赏了张瞎子二十两白银。

年度热搜榜

【康熙五十九年】公元一七二〇年

清廷增兵西藏　册封达赖喇嘛

经过相关人员反复研议后，康熙帝年初又针对去年（一七一九年）的作战计划再做出修正。首先，除了将青海入藏的兵力增为一万二千人、四川入藏一路增为一万人之外，新疆方面也要出兵两万人袭击吐鲁番、乌鲁木齐等地，以分散敌人兵力使其头尾不能相顾。其次，蒙古的四十九旗札萨克以及喀尔喀等部，也须遣使加入护送活佛的行列，以形成对准噶尔部的压力。而驻兵西宁的十四阿哥胤祯则移驻穆普乌苏，以管理军务粮饷并居中调度大军。二月十六日，清廷正式册封格桑嘉措为"弘法觉众第六世达赖喇嘛"，并派兵将其护送至拉萨。不过，据记者回报，其实在藏民眼中，都视格桑嘉措为第七世达赖喇嘛。

尽管教廷遣使企图挽回，但康熙仍然十分坚持禁教的态度

教廷特使抵中沟通　康熙仍然坚持禁教

由于天主教不准敬天祭祖的规定在之前惹恼了玄烨，使得他怒下逐客令，同时全面禁止天主教在中国传布。只是这样激烈的反应，着实出乎"教化王"克莱门特十一世的预料。于是在今年，罗马教廷便又派出特使前来中国，企图缓和局势。但玄烨此时对天主教已经没有什么好感，于是仍旧批示说："此后西洋人不必在中国传教，禁止可也。"看来天主教想要再一次于中国合法传教，可能还得等上很长的一段时间了。

抚远大将军王胤祯于三月致书给五世班禅额尔德尼，转达皇帝谕旨并详述护送达赖入藏，及进兵驱逐准噶尔军的缘由之后，已取得了藏民的支持。清军中、南两路军果然在没有遭遇任何抵抗的情况下，轻松地进入拉萨，而北路军也在藏北击败准噶尔部队后尾随进入。到了九月十五日，满汉大臣、蒙古各部领袖，及西藏高层喇嘛都齐集拉萨，为新的达赖喇嘛格桑嘉措举行隆重的坐床典礼，同时公开处决了先前与准噶尔合作的部分西藏领袖及准噶尔喇嘛，并顺势废除了第巴的编制，改成以数名噶伦共同负责行政事务，解决了自桑结嘉措以来行政权力过于集中的弊病。至于之前拉藏汗所立的达赖喇嘛意希嘉措，虽然经过班禅喇嘛认证，但也只能接受先被准噶尔军拘留，后又被清军押送北京的命运。清军除了在拉萨留下一支三千人的部队驻守外，还在各要冲置军留驻，并加强各要道关卡的设置及巡逻，建立了由中央直接管理西藏的模式。

十四爷声势看涨　年羹尧百般逢迎

在除夕团圆的温馨时刻，玄烨因为挂念着人还在西北前线的十四阿哥胤祯，所以特别将自己的旧腰带解下并亲自包好，然后差人送去。而即将收到这份新年礼物的胤祯，可说是目前公认最有可能被立为皇储的人选，甚至连川陕总督年羹尧也对其百般逢迎，似乎忘了自己是因妹妹被选为四阿哥雍亲王的侧室福晋，所以才由下五旗的镶白旗抬入上三旗的镶黄旗，而镶黄旗旗主四爷胤禛才是他的主子了。

由于各界看好十四爷接班，连四爷旗下的川陕总督年羹尧都对其百般逢迎

年度热搜榜

放榜当天沙尘暴　康熙疑惑心头惊
果然揪出会试弊端

请问皇上是如何破此大案的？

看气象啰。

今年会试于三月放榜的那一天，北京刚好遇到沙尘暴来袭，整个北京城风沙四起、遮天蔽日。玄烨心头一震，觉得这是个不好的预兆，只怕此次考试存在什么弊端，于是命三阿哥胤祉、四阿哥胤禛率大学士王顼龄、原户部尚书王鸿绪等人复查考试的答案卷。后来果然发现劳必达等十二人卷上的文章写得十分拙劣，因而下令取消其参与殿试的资格。而没有上榜的举人王兰生、留保因为在内廷修书，玄烨知道他们的学问其实很好，所以便破例特赐为进士。同时玄烨也发现，在放榜的同时有许多落榜者因为觉得考试不公，所以便群集到副主考官李绂门前喧闹抗议，不过李绂对此事却匿而不报。但终究皇帝的眼线遍布全国，更何况是在天子脚下所发生的事，所以玄烨便令礼部、刑部对此事严加调查，并发布公告，允许觉得考试不公的落第学子至该管衙门申告，但不得再有闹事的情形发生。而对于士子闹事知情不报的副都御史李绂，则被革职并发往永定河效力。

杜君英朱一贵反清　鸭母王在台湾中兴

由于台湾凤山知县出缺未补，台湾知府王珍竟让其次子前往处理凤山县的政事。而这个黑官不但没有得到政府正式的任命，还巧立名目、横征暴敛，若有不从者便随意加以拘捕囚禁，结果闹得当地百姓无法继续忍受，只好聚众起事与官府展开对抗。而其中声势最大的两股力量，便是打着"清天夺国"旗号的杜君英，和以朱元璋后代自居，扛起"反清复明"大旗，人称"鸭母王"的养鸭人朱一贵。这两股势力在三、四月起事后，各自聚集了一千余人的兵力，与驻扎在台湾的官军展开对抗。反抗军先是击溃了台湾镇标右营游击周应龙的部队，然后杜、朱两军合流进攻台湾府。在杜君英率部先攻入府城之后，朱一贵也随后攻入，而知府王珍等政府官员则是纷纷坐船逃往澎湖。至此，台湾全岛几乎沦陷，只剩下淡水营守备（军事指挥官）陈策还在营地坚守。反抗军中虽然杜君英较具实力，立功也较多，但众人认为如果以朱一贵是明朝后裔为号召的话，将可以吸引更多人的支持，于是拥立朱一贵为"中兴王"，国号"大明"，年号"永和"，并废除剃发令，分封诸将为官并布告天下。

杜朱两派起内斗　清廷大军速荡平

在众人拥立朱一贵为"中兴王"之后，杜君英因为不满自己只被封为二十七名国公之一，便和朱一贵集团决裂，并爆发了激烈的争斗。一开始实力较强的杜氏集团，却在双方的对抗中意外败下阵来，而导致情势剧变的原因，竟然在于省籍情结。原来朱一贵的部众全部是他的老乡福建人，而广东人杜君英的属下则包括广东人及福建人。结果冲突爆发时，杜军底下的福建人决定投靠到朱一贵这边，使得两派集团的斗争演变成福建人与广东人之间的武力对抗。而就在杜君英失利，率残部败走时，清廷闽浙总督满保已经调集兵粮，命总兵蓝廷珍、福建水师提督施世骠，于六月中在台湾鹿耳门登陆。此时的反抗军部队由于内斗分裂，又对清兵的大军压境毫无警觉，所以双方军队甫一交锋，便接连吃下败仗，府城也很快被清军夺回。在杜君英降清之后，朱一贵兵败如山倒，其身边的人见苗头不对，便设计把他绑交清军。此时，从朱一贵称王建元开始算，"大明"国的寿命竟然只有不到两个月的时间。也难怪民间会流传着"头戴明朝帽，身穿清朝衣；五月称永和，六月还康熙"的歌谣，来讽刺这短命的"鸭母王传奇"了。

在台湾起事的鸭母王朱一贵因内部分裂而被清军轻松弭平

206

年度热搜榜

【康熙六十一年】公元一七二二年

两次千叟宴　玄烨亲赋诗

因玄烨登基至今已经超过六十年，清廷为了扩大庆祝，便在元月初二于乾清宫宴请六十五岁以上的文武官员，以及致仕退斥人员共六百八十人，初五又宴请汉文武官员，以及致仕退斥人员共三百四十人。虽然这次的规模不及康熙五十二年（一七一三年）时席开八百多桌的排场，但除了仍命诸王、贝勒、贝子、公及闲散宗室等授爵劝饮、分赐食品外，据传玄烨还特地写了一首七言律诗"百里山川积素妍，古稀白发会琼筵。还须尚齿勿尊爵，且向长眉拜瑞年。莫讶君臣同健壮，愿偕亿兆共昌延。万机惟我无休息，七十衰龄未歇肩"助兴。同时玄烨也下令与宴官员都分别作诗，准备在日后结集成"千叟宴诗"以记录这次的盛况。

弃台逃亡官员被处斩
唯一死守擢升总兵

之前在台湾高举反清复明之旗，而被擒获的朱一贵等人，日前被以谋反罪凌迟处死，宗族亲属则同时被判斩立决。至于早先一步投降的杜君英，虽然不必凌迟，但也难逃斩立决的命运。而事变当时的台厦道梁文煊，以及王礼、吴观域、朱夔等官员，已因弃台出逃而遭清廷逮捕，并押回台湾在街市之中处斩。已死的知府王珍，也被下令开棺戮尸以示众。而唯一力守不退的淡水营守备陈策，则已于去年七月获破格拔擢，升任为台湾总兵，并加左都督衔以示嘉勉。

康熙帝日前下令在京城近郊的郑家庄建造营房，以便解决目前八旗住房不足的问题，同时表示建成之后将让满洲八佐领、汉军二佐领的属人迁往此处居住，到时将派一位皇子也住在此处。只是明眼人一听，马上就知道这个皇子一定就是废太子胤礽。而康熙帝让他住在此处，其实也就是要将其幽禁在北京城外，使其远离政治核心，并剥夺其行动的自由，免得日后他又逮到机会结党营私，存有非分之想。

年迈玄烨关爱儿孙辈　四爷之子弘历选入宫

呵呵……这孩子真可爱，以后就跟着爷爷吧。

是！

耶！不用去补习了。

康熙十分喜爱四阿哥的小孩弘历，还把他带进宫中教养

年岁已高的玄烨在三月的时候，前后两度到四阿哥胤禛的圆明园住所去游憩散心。据说玄烨看见胤禛的小孩弘历不但聪明伶俐、温文有礼，还对艺文创作与弓马骑射都颇有天分，觉得很投缘，便命胤禛将这个年约十二岁的可爱皇孙送进宫中，以便之后可以每天带着他。一向重视小孩教育的玄烨，在四月要出巡塞外前，还亲自一一检查随行小阿哥们的装备，结果发现这些年幼的小阿哥所戴之凉帽质地粗糙笨重，于是严责监制官员及工匠。虽然负责的官员已被内务府奏请罚俸一年，工匠也被从严议处，但玄烨在看过奏折之后，仍余怒未消地在罚俸一年前面又加批各降二级的处分。可见玄烨对于这些皇子、皇孙的关注之情，一直以来就没有少过，始终尽心尽力扮演着父亲、祖父的角色。

原本呼声最高的十四阿哥，在返京之后又被派赴前线，使得接班人之争又陷入紧张不明的状况

十四爷返京又赴前线　接班人是谁疑云再起

负责在前线指挥军务的十四阿哥胤祯，在去年（一七二一年）十一月回京述职，做了短暂停留之后，又于今年四月受命离京，再赴前线坐镇。原本在之前胤祯被授予抚远大将军重任的时候，便有许多人猜测皇帝虽然口里不说，但实际上却是已经在心里决定要将皇位传给他，所以才会让他到前线多加历练，而这种想法也在去年胤祯回京之后达到最高峰。但是就在大家猜想这次皇帝会不会正式宣布让十四阿哥成为皇太子时，这个想法又随着胤祯的再次离京而破灭。政治分析师表示，其实玄烨对自己近年来健康急剧恶化的情形，以及诸皇子为了争储的明争暗斗，心里都非常清楚，所以不太可能将预定的接班人远放在千里之外。尤其现在诸位皇子都各怀野心，玄烨更不可能无视万一某天自己病危而皇储来不及回京继位所可能引发的重大危机。这点，就连九阿哥胤禟也看出来了，所以他才会抱怨说："皇父分明是不想立胤祯为皇太子。"至于玄烨内定的接班人是谁，在他一直不愿表示的状况之下，目前也无人得知。

康熙驾崩四爷继位

不久前还外出打猎的玄烨，在十一月初因身体不适返回畅春园休养后，竟然于十三日凌晨传出病情恶化的消息。这时受命代替皇帝在南郊主持冬至祭天大典的四阿哥胤禛，也被立刻召往畅春园。就在胤禛还未赶到之时，玄烨已在病榻之前叫来三阿哥胤祉、七阿哥胤祐、八阿

哥胤禩、九阿哥胤禟、十阿哥胤䄉、十二阿哥胤祹、十三阿哥胤祥，以及九门提督步军统领隆科多，并当着大家的面宣布："皇四子胤禛人品贵重，深肖朕躬，必能克承大统，着继朕登基。"而胤禛在当天上午十时左右赶到时，玄烨已经进入弥留状态，虽然胤禛多次进入探视，但玄烨已渐无意识。到了当天晚上，这位年轻时身强力壮、能挽十五力弓发十三握箭、文武双全的杰出君王，终于在六十九岁这年于畅春园去世。其实，玄烨在二度废皇太子的事件之后，心理受到重大打击，使得健康也大受影响，直至晚年都诸病缠身。关于此次胤禛之所以能够在诸皇子中胜出，获得玄烨的青睐，评论家认为最主要的是胤禛采取了锋芒内敛的策略，而其他皇子为了争权夺位，不但引起玄烨的戒心，还成为兄弟们攻击的目标。相较之下，胤禛这种以退为进，绝不表现出有丝毫妄冀大位之心，甚至还处处替众兄弟求情的做法，智慧之高、思虑之深、心机之重，实在远远超过其他皇子。不管这些是不是胤禛所刻意营造的形象，至少就玄烨所见，胤禛确实是个不会在继位后谋害兄弟的合适人选。若加上其同胞弟弟十四阿哥胤禵在军事上的历练，一定可以协助胤禛把父亲开创的康熙盛世延续下去。

康熙在京时间

　　根据统计，生前热爱四处巡视及打猎的康熙帝，出塞次数有五十一次，而在木兰围场举行的秋狝大典，则有四十次之多。扣除六次南巡、行围、泡汤、祭祖等行程，其实玄烨一年之中有很多时间都不在北京城内。尤其热河行宫建成之后，玄烨每年不在京城的时间平均在半年以上。而且，自康熙二十年平定三藩一直到晚年，皇帝不在北京城中的时间，似乎有越来越长的趋势。

康熙生前热爱四处巡视，尤其是避暑山庄建成之后，待在北京城的时间几乎不到一半

胤禛登基建元雍正 康熙庙号尊为圣祖

胤禛（清世宗）在受命继位的当天晚上，便立刻下令七阿哥胤祐守卫畅春园，十二阿哥胤裪至乾清宫布置张罗应办事物，十六阿哥胤禄肃护宫禁，十三阿哥胤祥、九门提督隆科多备仪卫清御道，将康熙帝遗体以銮舆运回乾清宫。次日大殓，胤禛又命八阿哥胤禩、十三阿哥胤祥、大学士马齐、隆科多总理所有事务，并下令所有启奏俱交四人，如有谕旨也必由四大臣传出。同时关闭京城九门，下诏要十四阿哥胤禵驰驿，限于二十四日内回京，而大将军印则暂交平郡王讷尔苏署理。随后于十六日颁布康熙遗诏，十九日祭告天地，京城开禁，二十日御太和殿登基受百官朝拜，改年号为"雍正"。随后，胤禛由大臣所拟的几个康熙庙号中，刺破中指以血圈出"圣祖"二字。一般而言，只有国家的开国皇帝，庙号才会用"祖"，如开疆辟土的清太祖努尔哈赤，以及入主北京的清世祖福临，就连一生战功卓著的皇太极，死后的

胤禛刺破中指，用血为父亲圈出"圣祖"的庙号

> 呀……刺得太用力了，好痛啊……

庙号也仅为清太宗。而胤禛选定以圣祖为其父玄烨的庙号，不但是对其平三藩、收台湾、灭噶尔丹、平准噶尔、收西藏等伟大功绩的肯定，也是对其一生勤政爱民，将大清带入盛世的无比尊崇。

雍正下令 收缴朱批谕旨

胤禛继位后，已下令所有文武官员将从前所收的康熙帝朱批谕旨全数封固交进，不许存留、抄写或焚弃，若有违反者，一经发觉将被从重治罪，并规定以后皇帝亲批的奏折，也都要在一定的时间内交还宫中归档，不得抄写存留。政治评论家表示，在政权交接、一切都尚未稳定之时，胤禛这样的做法是极为明智的，可以避免有心人士拿着先帝康熙之前的朱批谕旨当作密令，来发动武装政变。不过也有人指出，胤禛大概是怕玄烨生前留了什么密旨给十四阿哥胤禵或其他什么人，或答应要传位给十四阿哥，而影响他继承大位的正当性，所以才下令收缴康熙生前所发出的所有朱批奏折。这样的说法不无可能，只是如果十四阿哥或其他人握有这样可以合法登上大位的密旨，又岂会乖乖地交出来，应该早就发动政变了吧。但据说十四阿哥在十二月中奉诏回京奔丧，在谒灵之后面见雍正帝时，举动言辞颇有乖张狂妄之状，令胤禛不是很高兴，只怕又会引起一阵风暴。

为了避开皇帝名讳，雍正的诸位兄弟全部得将名字中的"胤"字改为"允"字

为避新皇帝名讳　兄弟全改胤为允

原本宗人府在胤禛继位之后不久，就奏请将诸亲王阿哥名字中与皇帝相同的"胤"字全部改掉，以避开皇帝之名讳。但胤禛以兄弟的名字皆圣祖康熙钦定，不忍更改，所以请礼部奏请皇太后裁定。于是在十二月二十日，正式宣布奉皇太后懿旨，将诸王阿哥名字中的"胤"字，全部改成"允"字。又以十四阿哥胤禵的"禵"字与皇帝的"禛"字太过相近，也令其更名为"允禵"。但是评论家也指出，所谓奉皇太后之旨，应该只是个烟幕弹，这整件事情应该都是在胤禛的授意之下完成的。

热搜事件榜单

215

216

217

219

221

北京市版权局著作权合同登记号　图字：01-2017-9296

中文简体版（©）2024年，由中国法制出版社出版。

本书由远流出版事业股份有限公司正式授权，同意经由Ca-link International LLc代理，授权中国法制出版社出版中文简体字版本。非经书面同意，不得以任何形式任意重制、转载。

图书在版编目（ＣＩＰ）数据

清朝热搜榜. 康熙大帝卷 / 黄荣郎著. -- 北京：中国法制出版社，2024.3
　ISBN 978-7-5216-4312-1

　Ⅰ．①清… Ⅱ．①黄… Ⅲ．①中国历史－清代－通俗读物 Ⅳ．①K249.09

中国国家版本馆CIP数据核字(2024)第050139号

策划编辑：李　佳　孙璐璐

责任编辑：刘冰清　　　　　　　　　　　　　　　　　封面设计：汪要军

清朝热搜榜. 康熙大帝卷
QINGCHAO RESOUBANG. KANGXI DADI JUAN

著者 / 黄荣郎

经销 / 新华书店

印刷 / 三河市紫恒印装有限公司

开本 / 710 毫米 × 1000 毫米　16 开　　　　　　　　印张 / 15　字数 / 322 千

版次 / 2024 年 3 月第 1 版　　　　　　　　　　　　2024 年 3 月第 1 次印刷

中国法制出版社出版

书号 ISBN 978-7-5216-4312-1　　　　　　　　　　　　　　定价：58.00 元

北京市西城区西便门西里甲 16 号西便门办公区

邮政编码：100053　　　　　　　　　　　　　　传真：010-63141600

网址：**http://www.zgfzs.com**　　　　　　　　编辑部电话：010-63141837

市场营销部电话：010-63141612　　　　　印务部电话：010-63141606

（如有印装质量问题，请与本社印务部联系。）